# 대통령의 눈물

예영커뮤니케이션

# 대통령의 눈물

초판 1쇄 찍은 날 · 2008년 8월 28일 | 초판 1쇄 펴낸 날 · 2008년 9월 1일
**지은이** · 김송자 | **펴낸이** · 김승태
**등록번호** · 제2-1349호(1992. 3. 31) | **펴낸 곳** · 예영커뮤니케이션
**주소** · (136-825) 서울시 성북구 성북1동 179-56 | **홈페이지** www.jeyoung.com
**출판사업부** · T. (02)766-8931  F. (02)766-8934  e-mail: edit1@jeyoung.com
**출판유통사업부** · T. (02)766-7912  F. (02)766-8934  e-mail: sales@jeyoung.com

copyright ⓒ2008,
ISBN 978-89-8350-485-2

## 값 10,000원

# 대통령의 눈물

김송자 지음

언제나 그렇듯 부끄러운 마음입니다.

아무렇지도 않게 넘어 갈 사소한 일, 차 한 잔 나누며 무심히 풀어 놓을 사람 사는 이야기입니다.

미처 돌아보지 못한 이웃의 애환을 잠깐 마실 다녀온 사람의 넋두리처럼 간간히 적어 두곤 했지만 책으로 나오기까지 여러 해가 지나갔습니다.

그 동안 '고양이 판자촌' 에도 많은 변화가 왔습니다.

빗물에 떠밀리고, 철거반에 떠밀려 이리저리 끌려다녔던 참담했던 날들이 지나고 모질게 떠나지 못하던 바로 그 자리에 "닭장" 서민 아파트가 지어져 빨래줄 만국기를 내어 걸고 살고 있습니다.

내게 부유함과 사랑을 가르쳐 주었고, 처절한 배신감과 피눈물의 아픔을 딛고 "용서"를 알게 해 주었던, 갈리리 바다를 거니시던 주님의 발자취가 느껴져 차마 외면할 수 없었던 곳…….

세월이 지나 언젠가는 풀어 놓아야 할 가슴 아픈 이야기, "내 남편의 목숨을 앗아간 사람들이 사는 곳"의 이야기를, 따사롭고 평화로운 유월의 서울에서 서문을 위하여 되돌아보니 만감이 교차합니다.

꽃단장 푸르고 넓은 테헤란로의 아름다움과 함께 오늘이 있기까지 아낌없는 사랑으로 함께해 주신 많은 분들이 스쳐갑니다.

베풀기만 하는 꾸밈없는 마음들 하나 하나 이름 불러 고마움을 전하진 못하지만 여러분이 베푼 큰 사랑과 우리 주님의 지극한 사랑에 힘입어 작은 내 맘에도 승화된 사랑의 꽃 피웁니다.

이 책이 나오기까지 모든 수고를 아끼지 않은 김은혜 씨와 예영커뮤니케이션 김승태 대표님 외 편집자들에게 감사드리고, 언제나 힘이 되어준 사랑하는 데니, 엘렌, 엔디, 빌리, 오홍근 박사님께 감사드리며 모든 영광을 주님께 돌려 드립니다.

2008년 6월 15일 서울 인터컨티넨탈 호텔에서

김송자

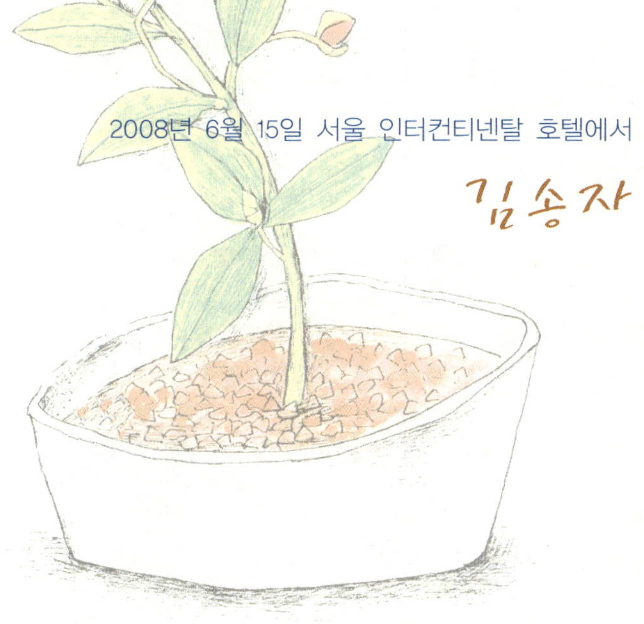

# 차례

CONTENTS

# 나눌 줄 아는 사람들

# 대통령의 눈물

　감당할 수 없을 만큼 벅찬 절대자의 사랑을 받은 날부터 작은 내 가슴에 있는 사랑을 나누리라고 결심했다.

　가슴을 가로 질러 흐르는 뜨거운 하나님의 사랑으로 인해 그 사랑을 나누고자 거리로 나섰다. 비록 보잘것없는 작은 사랑이더라도 버려진 가슴에 작은 반딧불을 지피고 싶었다.

　행려자들의 수세미처럼 벗겨진 머리털에 주렁주렁 매달린 이와 석회를 잘라 버릴 때면 죄악이 써—억 썩 잘려 나가는 듯한 시원함과 날아갈 듯 후련한 마음에 냄새도 힘든 것도 모두 잊곤 했다.

　조금씩 얼굴을 익혀가면서 서로의 허물이 없어지고 이질감의 장벽이 무너질 때쯤, 거리의 이발사는 그들을 만날 장소를 잃고 말았다. 쇠똥이 덕지덕지 묻어나고 이가 주렁주렁 매달린 머리털이 사방에 날리는 것을 반길 사람이 세상에 없음을 확인한 날이었다.

　오늘까지만 이발을 해 주고 다음부터는 오지 않겠노라 사정을 해 봤지만 절레절레 머리를 가로저어 거절하시는 걸인선교센터 주인 사모님의 얼굴빛이 너무도 싸늘해 더 이상 사정할 용기마저 잃었다.

　뙤약볕에 나를 기다리던 형제들에게 차마 '이발 금지령' 이 내렸다는 말은 못하고, 개인적인 사정으로 오늘은 머리를 깎아 줄 수 없게 됐음을 알리고, 분명 더 좋은 곳에서 만나게 될 것이라며 메인 소리로 그들을 위로하고 다시 만날 기약 없는 약속을 해야 했다.

얼마가 지나지 않아서 내 사무실 근처에서 음식을 얻기 위해 접시를 들고 줄 지어 앉아 있는 내 좋은 형제이자 친구들을 발견하고는 감격해 맞이했다. 그곳이 어딘지 자세히 살펴보니 '작은 예수회 나눔의 집'이었다.

두 번 생각할 것도 없이 나는 그곳이 하나님께서 허락하신 곳이리라 믿고, 수녀님을 찾아가 내가 개신교 전도사임을 알리고, 일주일에 한 번만 작은 공간을 허락해 달라고 부탁을 드렸다. 천사같이 아름다운 수녀님의 허락을 받고 다시 형제들과 만나 반딧불 사랑을 나누는 행복을 누렸다.

하지만 세상은 이런 행복에도 질투를 보내는 곳이라는 것을 다시 확인하던 날! 나는 세상을 원망했다. 시정부의 허가를 받지 못한 탓인지 시청에서 지난 12월 둘째 주일을 끝으로 그곳에서도 더 이상 나눔을 갖지 못한다는 연락을 받았기 때문이다.

형제들과 만날 장소를 다시 잃은 허전한 마음은 한국과 마카우 외부 집회로 조금은 위로를 받았지만, 가난하고 소외된 형제들의 주림과 외로움을 생각할 때마다 "주여, 언제까지입니까?"를 부르짖지 않을 수가 없었다.

이런 내게 주님은 '저곳이 너의 일터라!'는 확신을 주셨다. 꿈에라도 감히 들어가려고 생각해 본 적도 없는 그곳, 그곳은 상파울루에서 가장 더럽고 오염물이 질질 넘쳐 나고 악취가 심한 강변 옆 판자촌이었다.

외부인을 철저히 감시하는 그들만의 세계…… 접근할 방법을 몰라 감히 들어갈 생각을 못하던 곳이었다.

"주님, 어떻게 접근을 하여야 할지 알려 주십시오!"

앉으나 서나 입술을 들썩였다. 남편에게도 아들에게도 입을 열지 못한 것은 사랑하는 마음들이 일언지하에 반대를 하고 나설 것 같아서였다. 그래서 아들과 남편이 출타중인 날을 D-DAY로 정했다.

드디어 기도하며 기다리던 그 날이 어느덧 돌아왔다.

"주님, 오늘이 D-DAY 입니다. 주님이 함께 하심을 믿고 갑니다. 가장 적절한 사람을 만날 수 있도록 도와주시고, 그 마음을 감동하시어 동역자가 되게 하여 주십시오."

기저귀 찬 아이들과 축구를 하고 있는 한 흑인에게 좀 도와 줄 수 있겠느냐고 부탁을 했다. 경계의 빛이 가득한 눈초리로 낯선 이방인을 요리조리 살피며 머리를 굴리는 듯 했다.

그에게 얼른 내가 전도사임을 알리고 당신들을 위해 할 수 있는 일이 있을까 해서 찾아 왔노라는 내게, 그는 기막히다는 듯 하늘을 향해 피식 웃었다.

하지만 물러설 것 같지 않은 나의 태도를 보고 입을 열었다.

"당신 혼자는 이곳에 들어 갈 수 없소. 사람을 불러 당신을 대통령한테 안내하도록 하겠소, 대통령이 당신을 만나겠다고 허락한다면 말이오."

'대통령'. 그 사회의 리더를 지칭하는 말이었다. 한참을 기다리고 서 있자니, 눈동자가 황갈색으로 충혈된 나이 많은 흑인이 대통령을 만나고자 하는 이유를 간단히 묻고는 말했다.

"따라 오시오!"

골목 안 판자촌 길은 끝이 보이지 않았다. 끈적끈적한 검은 물이 질척거리는 땅바닥을 맨발의 벌거벗은 아이들이 헤집고 뛰어다녔고, 겁도 없이 쳐들어 온 이방인을 구경하는 매서운 눈초리와 초점 잃은 눈, 삶에 지친 눈, 병마에 시달린 눈, 주림에 풀어진 눈, 마약과 알코올에 찌든 눈들 사이로 나는 말없이 걸어들어갔다.

앞서 가던 안내자가 얼기설기 걸쳐 기대놓은 판자문 앞에 서더니 소리 높여 외쳤다.

"사사 각하! 손님이 찾아왔습니다."

"누군데?"

"여자입니다."

부스스 판자 구멍 사이로 한 노인이 머리를 내밀더니 나를 아래위로 훑어보고는 퉁명스럽게 말했다.

"그곳에서 잠시 기다리시오. 목욕 좀 하고 나가겠소!"

노인은 한참 후 물이 뚝뚝 떨어지는 머리를 뒤로 힘주어 재끼고, '판자촌의 엄마'라 불리는 대통령 영부인을 대동하고 나타났다.

낯설어 하는 그에게 이곳에서 내가 무슨 일을 할 것인지 설명하기 시작했고, 작은 일이지만 주 안에서 최선을 다하겠고 말했다. 내 말을 듣고 잠시 생각하더니 그가 입을 열었다.

"대통령 전용 마을 회관의 판자 한 동… 이발소든 교회든 당신이 필요한 대로 사용하시오."

허가와 함께 대통령은 장소를 제공해 주었고, 수행원들을 불러 그 안에서 무슨 일을 하든, 일하는 동안 불편이 없도록 최대한 협력하라는 지시를 내리고는 판자촌 밖에까지 직접 동행해 주었다.

품위를 지키며 천천히 걸어가는 대통령과 동행하는 것만으로, 최소한 그 장면을 목격한 사람들에겐 난 더 이상 외부 침입자가 아니었다.

행복한 일터를 허락함에 감사하며 차에 오르려다 문득 돌아본 대통령의 검은 얼굴에는 두 줄기 눈물이 흘러내리고 있었다. 나는 그에게 어찌하여 눈물을 흘리느냐고 물었다.

"누가 우리를 사람으로 보았소? 하지만 당신은 분명 신이 보낸 사람일 것이오!"

우리는 누가 먼저랄 것도 없이 얼싸안았다.

"하나님은 당신들을 버리지 않으셨습니다. 목숨을 내어 주시기까지 사랑하고 계심을 잊지 마십시오!"

# 이 사람들

영화에나 나올 법한 음침한 환경. 온몸의 털이 거꾸로 설 만큼 어둡고 침울한 좁은 골목들이 펼쳐졌다.

핏발이 가득한 황갈색 눈동자, 금방이라도 어디로 끌고 갈듯 쏘아 보는 날카로운 눈동자들이 다닥다닥 붙어 있는 판자 사이로 보인다. 소름이 끼치도록 어둡고 질퍽한 골목에 이따금 보이는 아이들조차 옆 눈으로 사람을 바라보며 관찰하는 이상한 습관을 가진 사람들. 이 사람들을 찾아 들어 간 것이다.

밑바닥을 헤매다 지친 사람들, 세상이 외면 한 사람들, 이 땅 넓은 브라질에 손바닥만한 집 하나 마련하지 못하고 떠돌다 떠돌다, 똥물 흐르는 개천에 판자를 걸치고 지친 몸을 가눠야 하는 가련한 사람들. 이 사람들이 사는 개천 옆으로는 아파트 값보다 비싼 차들이 보란 듯이 줄을 지어 달리고 있다.

굳게 닫힌 판자 안에서 무슨 일이 일어나는지 경찰도 눈을 감고 알고 싶어하지 않는 이곳으로 하나님은 우리를 이끌어 들이셨다.

누가 거지며, 누가 창녀이고, 누가 마약 밀매 두목이며, 자동차 절도범이 누구인지 분간할 수는 없지만, 이곳엔 무서운 질서가 흐르고 있고 철저한 감시의 눈동자가 있다. 난 묵묵히 그 환경을 돌아보았다.

# 부자들이나 앓는 병

　이발도구 가방을 들쳐 매고 앞서자 내 뒤로 사람들이 급식용 빵과 우유를 받아들고 줄줄이 마을회관으로 향한다. 가는 좁은 골목길 저 편에 다리 하나가 내 허리통만한 남자가 허벅지에 피를 흘리며 일을 하고 있다. 남자는 무너질 것 같은 판잣집 위에 이층을 올리려는지 위에 있는 사람에게 못 박을 곳을 지시하며 사다리를 오르는 중이었다.

　"지금 다리를 다치셨나요?"

　"아! 저 사다리가 넘어지면서 사닥다리에 박힌 못에 걸려 그만 찢어졌는데 괜찮아요, 이까짓 거 뭐."

　못은 세월에 찌든 녹이 슬 때로 슬어 있었다. 파상풍 예방주사를 맞았는지 물어 무엇하리. 그것이 무슨 주사인지조차 알지 못할 텐데……

　"지금 당장 시립무료병원에 가십시오! 주사를 맞아야만 합니다. 이 일은 내일 또 하셔도 되지 않습니까?"

　절대로 그렇게 못한다며 하던 일을 계속하는 그를 향해 아무리 사정을 해 봐도 소용없었다. 파상풍이라는 것이 얼마나 무서운 것인지 침을 튀기며 설명을 해도 그것은 '부자들이나 앓는 병' 이란다. 길게 푹 팬 상처에서는 여전히 피가 흐르는데도 그는 싱글벙글 못질을 하고 있었다.

　가족을 위해 이슬을 피할 보금자리를 만든다는 기쁨에 자신의 아픔과 고통쯤은 모두 잊고 행복해 하는 것일까, 전혀 말을 듣지 않을 것 같아서 대통령 사사를 불러 응급처치 약을 주고 우선 피를 멈추게 한 다음, 대통령이 명령을 내려 강제로 병원으로 가도록 부탁했다. 사사의 말 한 마디는 절대적이었다.

"병원에 지금 다녀오시오!"

"네, 각하! 당장 가겠습니다. 더러운 것만 좀 씻고 바로 가겠습니다."

대통령의 말은 대단했다. 이들만의 세계! 시간이 지나면 그 세계의 법이 무엇인지 알게 되리라. 우리들의 눈에 보이지 않는 질서가 무섭게만 느껴지는 이곳의 법을……

# 나눌 줄 아는 사람들

애초부터 가진 것 없이 헤매던 사람들이었다. 이곳은 계속 이어지는 장마로 너 나 누구 할 것 없이 모든 것을 잃은 사람들뿐이다.

강가에 걸쳐 지은 판잣집에 개천의 똥물이 넘쳐 흐른다. 구역질나게 곰팡내 풀풀 나는 습기를 온몸으로 견뎌야 하고, 겨우 건진 양재기 나부랭이를 싸들고 사흘이 멀다고 한밤중에 고속도로 옆으로 피난을 가야 하는 고달픈 삶을 살아야 한다.

"그렇더라도 침수된 물 속을 헤매진 말아라. 오물이 흘러가는 강이니 얼마나 많은 세균이 득실거리겠냐."

이렇게 감염을 염려하면서 말하면 이렇게 답한다.

"우리는 병균 같은 것 모르오! 양재기 몇 개마저 떠내려가면 누가 우리에게 돌려 줄 사람 있소? 그것들은 우리의 전부요. 그래서 결사적으로 물 속에서 건져 이고 나오는 것이오!"

오염에 검게 쩔인 뻑뻑한 물이 한바탕 판자촌을 휩쓸고 간 다음날이면 똥물은 여전히 골목길에 남아 질퍽거린다. 시커먼 흙탕물에 절은 옷가지들을 강에다 철퍼덕 철퍼덕 던져 버리는 사람들이 여기저기 보인다. 그나마 힘이 남은 사람들은 팔이 빠져라 비벼가며 빨래를 한다.

흡사 우리네 방망이질과도 같다고 할까. 빨래를 치켜들어 도리질을 하여 철퍼덕 철퍼덕 빨래판에 내려치며 빨래를 한다.

모든것을 잃어 더 잃을 것이 없는 사람들, 설움만 그들의 가슴에 알알이 맺혀 있다. 섬김을 받아 보지 못한 사람들… 그런 사람들 1,000여 명이 300여 세대의 판잣집에 모여 살고 있는 것이다. 모두들 배고픔에 찌든 사람들이다.

음식을 보면 눈이 튀어 나올 것 같은 사람들… 그들은 스스로 말한다.

"나는 형편이 나으니 저 아래쪽 물이 많이 차는 곳의 사람들이 먼저 먹어야 한다."

이유인즉 입구 쪽 언덕에는 물이 넘치지 않는다는 것이다. 그까짓 급식 으론 기별도 안 가고, 눈 감고 먹어 본들 빈 배 채우지 못할 뿐만 아니라, 그마저 안쪽 사람들이 더 어려우니 그들을 먹게 하라며 양보한다. 모든 것을 잃고 나눌 것이 없는 사람들이 더불어 살아가는 모습이 정겹다.

싸우고 토라지며, 말도 많고 탈도 많고, 뒤집어지고 엎어지며 아옹다옹 살아가는 그들에게서 구수한 사람 냄새가 난다. 어두운 그늘에서 진정한 나눔을 배우며 지치고 상한 가슴, 외롭고 소외된 이곳에 하나님의 사랑의 씨를 뿌리리라! 다짐하며 우리 부부는 진흙 가운데 피어날 백합화를 꿈꾸었다.

# 이부터 잡아야지

　어느 날 교회 목사님의 군시절 설교가 생각났다. 그때는 보리알 같은 이가 얼마나 많았던지 담요나 속옷을 털어 입었고 쉬는 시간에 이를 잡았다고 하셨다. 6·25 한국전쟁을 겪은 세대와 그 시대에 군대를 다녀온 분들은 머리를 끄떡이며 옛추억에  젖어 들었으나, 이후 신세대는 듣기 싫었던지 찡그리며 흉물스러워 했다.

　'아이구, 목사님! 혼자 어디 골방에 사시다 오셨나, 닭살 돋게 이는 무슨 놈의 이요?'

　그렇다. 6·25 한국전쟁 당시 이야기를 들을 때마다 이 이야기를 많이 접했고, 이를 살상 하느라 DDT(농약)를 허옇게 뿌린 이야기도 어딘가에서 읽은 듯하다.

　그런데 21세기에 '이' 라니! 생경스럽기까지 하다. 지금도 이가 있나?' 머리를 한번쯤 갸웃거릴 것이다. 그런데 이곳은 이가 있는 정도가 아니라 이 천지다. 남자 행려자들의 머리를 깎아오며 수없이 봐 온 이들이, 오늘처럼 이렇게 소름끼치게 만들 것이라고는 상상도 하지 못하였다.

　판자촌 남자아이, 여자아이 할 것 없이 머리카락 하나에 석회가 수십 마리씩 매달려 있고, 한 살박이 노오란 금발 머리 하얀 머리 밑에도 보리알만한 시커먼 놈이 붙어 기어 다녔다.

　남자 아이들의 것은 이든 석회든 간단히 해결할 수 있다. 축구선수 호

나우두의 머리스타일로 박박 밀어버리면 그만인 것이다.

문제는 여자 아이들이다. 하얀 석회가 빈틈이 없이 겉에까지 한 가닥에 수십 개씩 달린 세 살박이가 얼마나 가려워 긁어댔는지 머리 밑이 군데군데 피투성이에다 곪아 있었다. 머리를 싹 밀어 버리면 간단히 해결되지만 여자 아이들은 한사코 싫어한다.

내가 머리를 깎는 동안 남편은 머리를 차곡차곡 빗어 넘겨 가며 열심히 이 약을 발라준다. 비싼 것은 둘째 치더라도 한 사람이 한두 병쯤은 발라야 확실히 죽기라도 할 것 같다. 세기 전의 방법인 DDT라도 구해서 이놈들을 깡그리 죽여 버렸으면 하는 마음이 들었다.

이곳에도  효력이 확인되지 않은 이에 관한 온갖 민간 처방들이 있다. 식초를 데워 머리에 바르고 수건을 둘러 씌워 여러 시간을 보내면 된다는 둥, 시너를 바르라는 둥, 이런 것이 이 사람들의 방법이라니… 입이 벌어져 할 말을 잃었다.

온몸이 스물거리고 머리가 가렵고 온통 야단이더니, 꿈에 집채만한 이가 기어 오지를 않나, 자동차만한 것이 기어 다니지를 않나, 온통 이 판이다.

"예수 이름으로 물러가라!"

이렇게 고래고래 소리를 지르다 잠에서 깨었다.

‘아이들이 얼마나 괴로울까?’

‘예수 능력의 이름 그 아름다운 이름으로 사그리 죽여 버릴 수 있다면 얼마나 좋을까? 그 아름다운 이름 예수님으로 인하여 판자촌에 버글거리는 이들을 모조리 죽여 버리리라!’

# 아줄렁 AZULAO

　‘아줄(AZUL)’ 은 청색이라는 뜻이다. ‘아줄렁’ 이라고 함은 당연히 짙은 청색을 말하는 것이다.

　그런데 검정빛의 짙은 갈색 피부를 가진 루벵스 씨의 별명이 ‘아줄렁’ 이다. 아줄렁의 집에는 작은 침대가 하나가 있고 검은 강물이 흘러가는 것을 바라 볼 수 있도록 구멍 하나가 뚫려 있다. 그 침대에는 어느 뺑소니차에 치어 오래 전부터 하체를 쓰지 못하는 깡마른 그의 아내가 아무런 희망이 없는 듯, 초점 잃은 눈으로  시체처럼 누워 강물을 바라보고 있다. 살며시 뼈만 앙상한 손을 잡으니 스르르 눈을 감고 아무 말도 하지 않는 그녀의 주름진 눈언저리는 어느새 촉촉히 젖었다.

　아무도 찾아오는 사람도 없었나보다. 얼마나 오랜 세월을 이렇게 보냈을까? 사람이 그리웠던 흔적이 가득하다.

　“늘 이렇게 혼자 누워 계십니까?”

　고개를 가로 저으며 살며시 눈높이에 붙어 있는 작은 십자가를 눈짓하여 보여 준다. 강물에 떠나려 왔을 법하게 낡디 낡은 나무 십자가. 그 십자가를 바라보며 주님이 함께 계심을 매일 확인하였다는 그녀의 그 아름다운 믿음 앞에 할 말을 잃었다.

　반 평 남짓한 작은 실내엔 찌그러지는 작은 침대와 누가 버렸는지 모르는 낡은 가스레인지 하나 외엔 아무 것도 보이지 않는다. 물이 넘치기 시작하면 그녀를 업고 나가야 하고, 그녀의 침대 외엔 아무것도 건질 수 없다는 아줄렁의 이야기가 아니더라도, 이 상황에서 다른 방도는 없을 것이고 그마저도 대단하다는 생각이 든다.

언제까지일지도 모른 채 누워 있는 그녀의 답답함은 이 세상 그 어느 누구도 모르리라. 그녀를 위해서 아줄렁은 빈 깡통을 수거하는 일도 포기하고, 동네의 온갖 잡일과 심부름으로 얻어 오는 약간의 빵으로 생활을 한다.

그의 일은 주로 판자촌 건너 동네를 오가며 그들이 필요로 하는 것을 구해 오는 일들이다. 하루하루의 빵이 이웃의 손에 달려 있는 그가 아줄렁으로 불리는 이유는 이웃 동네를 오가는 그의 두툼한 입술이 끊임없이 불러대는 '아줄렁'이란 노래 때문이란다.

반 평 판잣집 서늘한 바닥에 지친 몸뚱아리를 눕히고 있는 아내의 온갖 병수발을 다하며, 한 조각 빵을 위해서 잠시도 쉴 틈이 없이 이웃 동네를 오가는 그이지만, 그는 노래를 부른다.

굵게 주름진 이마 밑에 움푹 들어간 눈동자. 험한 세상에 시달린 흔적뿐인 그 아름다운 코발트색 눈동자를 노래할 수 있는 것은 그 보다 더 푸른 가슴이 있기 때문이려나!

# 당신! 내 머리 왜 깎소?

거리의 형제들을 접하다 보면 온갖 종류의 사람을 다 만난다. 쇠똥이 아스팔트처럼 굳어 있는 사람, 비늘 같은 것이 허옇게 일어나 줄줄 떨어지는 사람, 코가 비뚤어지도록 술을 마셔 더 꼬부라질 혀도 없는 사람, 머얼건 대낮에 마약을 하고 이승과 저승을 넘나드는 사람들… 이런 형제들의 요구도 아주 다양하다.

"미국 사람식으로 깎아 주시오!"

"군인처럼 멋있게 깍아 주시오!"

"최신 유행 머리로 깍아 주시오!"

축구선수 누구의 머리처럼 해 달라는 것이 가장 많다. 그 중에서도 단연 선두는 두 말 할 것도 없이 펠레 선수의 머리형과 호나우두형 머리다. 이런 사람들과 울고 웃으며 나누다 보면 별난 말들을 듣는다.

"당신 이발소 차리려고 연습하는 것이오?"

"돈을 어디서 받고 일을 하시오?"

상상도 못했던 질문들이 나를 웃게 한다. 호나우두형 까까머리를 아주 싫어하는 형제의 머리속에 진을 치고 살고 있는 이들을 처리하기 위해 귓속말로 '당신 머리에 이방것들이 살고 있다!' 고 살살 달래면 아이처럼 부끄러워 어쩔 줄 몰라하며 '당신이 원하는 형으로 깎아 주시오!' 라고 답한다.

이럴 때 나는 영순위로 그들의 머리를 박박 밀어 버린다. 면도보다는 조금 길지만 머리털이 아주 없도록 밀어 더 이상 이가 살지 못하도록 하는 것, 이것이 내가 원하는 형이다.

어느 날 열심히 머리를 밀어대고 있는데, 벌떡 자리에서 일어나더니 눈알이 툭 삐져나올 것 같이 부릅뜨고는 말한다.

"당신! 내 머리 왜 깎소?"

머리 깎다 말고 벌떡 일어나더니 깜짝 놀란 내 가슴에 말 한마디 던진다.

"당신 안에 예수님이 계시고, 주님께서 당신을 위하여도 목숨을 버리시며 사랑하였기 때문이며, 당신 안에 계신 그 예수님으로 인하여 나는 수천 번이라도 당신의 머리를 깎겠습니다."

나의 말을 듣고 다시 돌아 앉더니 내게 머리를 맡기며 말했다.

"됐소! 정확히 설명하였소! 이제는 당신을 이해할 수 있을 것 같소!"

그것이 전부였다. 가난한 자들의 눈물 속에 계신 주님! 우리로 하여금 이들과 늘 함께 하게 하시옵소서!

THE TEARS OF THE PRESIDENT

# 아버지 생각

# 아버지 생각

아마도 1997년 성탄절이었을 게다. 눈이 어두운 안토니오 할아버지가 피가 잔뜩 묻은 얼굴을 하고  급식하는 교회로 들어오고 있었다. 알고 보니 눈이 보이지 않아 넘어져 다쳤다는 것이다. 피를 대충 닦아 주며 조심히 걸어 다니시라고 당부했지만, 갈 곳도 의지할 곳도 없는 이 노인이 내 마음을 한없이 아프게 했다.

'오늘같은 성탄절에 갈 곳 없이 헤매는 외로운 저들에게 무슨 말을 전할까?'

나는 조용히 눈을 감고 묵상을 했다. 그리고 그들도 눈을 감도록 하고 조용히 물어 보았다.

"여기 이곳에 아버지가 없었던 분이 계십니까?"

모두 머리를 저었다.

"그러면 지금부터 아버지를 한 번 기억해 봅시다. 가난하고 배우지 못했던 사람, 아니면 농사꾼, 수많은 종류의 직업의 아버지, 술꾼 아버지, 매질을 하던 아버지 등…  여러분 각자의 아버지께서 어려운 환경 가운데서도 여러분을 사랑하셨다고 기억하십니까? 그 아버지가 나쁜 분이라고 생각하시는 분이 계십니까?"

아무도 없다. 모두가 좋은 아버지였었다고 한다. 커다란 어른들의 눈망울엔 서러움으로 젖어 있었다. 먼 북쪽에 가족을 두고 일자리를 찾아 나섰다가 돌아갈 차비가 없어 대도시 상파울로를 헤매는 가장, 술과 마약으로 인해 모든 것을 잃어버린 형제들, 모두가 숙연해진 그 시간에 난 가슴이 메인 채 이 말씀을 전했다.

"여러분 이제 잘 들어 보십시오! 부족하고 연약한 세상의 아버지도 우리 자식들에게 좋은 것을 주며 우리를 사랑했습니다. 그런데 창조주시며 우리의 아버지 되신 하나님께서 얼마나 좋은 것이 많은 줄 아십니까? 그 분은 이 세상 모든 것의 주인이십니다. 그 분께서 예수를 구주로 영접하면 자녀 되는 권세를 주신다고 약속하셨습니다. 여러분 그분의 자녀가 되십시오! 그리고 자녀 된 권세로 당당히 구하십시오! 이제 나를 이 수렁에서 건져 달라고 말입니다. 언제까지 이렇게 머뭇거리며 낯선 곳을 헤매실 겁니까? 지나간 것을 모두 털어버리십시오! 그리고 일어나십시오! 이제부터 새로운 삶을 향하여 출발하십시오!"

# 일자리를 주시오!

　거리의 형제들을 좀 더 깊이 이해하고 접근할 수 있는 방법으로 우선 스킨십이 좋을 것 같다는 생각이 들었다. 섬김을 받아보지 못한 그들을 섬김으로써 마음문을 열 수 있으리라 생각했고, 그렇게 시작한 것이 바로 이발사가 되는 것이었다.

　그들이 모이는 장소를 찾아다니다 '걸인 선교'를 하는 교회의 봉사자로 참여해 머리를 깎아주고, 밥도 퍼주고, 그들을 지켜보며 조금씩 가까워져 가던 어느 날이었다. 길바닥에 주저앉아서 플라스틱 병을 잘라 만든 그릇에 든 밥들을 열심히 먹고 있는 그들을 아픈 눈으로 바라보고 있는 내게 웬 남자분이 개인적으로 이야기를 하고 싶다며 찾아왔다.

　낡은 옷이었지만 깨끗이 빨아 단정하게 입고 있는 육십이 조금 넘은 듯한 그분은 작은 가방을 하나 들고 서 있었다. 벽에 기대 선 채 아무 생각 없이 무엇인지 말하라며 웃어 보이는 나의 귀에다 그는 아주 작고 낮은 목소리로, 하지만 아주 강한 어조로 말했다.

　"이 한 접시의 음식이 우리들의 문제를 해결할 것이라 생각하고 있소? 그렇다면 당장 그만 두시오! 한 접시의 음식이 필요한 것이 아니라 일자리가 필요하오! 일을 할 수 있는 조건과 일자리를 주시오!"

　정신이 번쩍 들었다. 똑바로 일어서서 그분을 향해 무엇이든 이야기를 해야 할 것 같은데 아무 말도 할 수가 없었다. 그러는 동안에 노인은 아무 일도 없었다는 듯 저만치 걸어가고 있었다. 멍청히 서 있는 내 머리속을 맴도는 소리… 우리 주님의 소리이런가?

"주님! 내가 무엇을 어떻게 하여야 하겠습니까? 제가 어찌하여야겠습니까?

힘이 없고 연약한 딸에게 힘을 주시고 지혜를 주시옵소서! 주께서 세상을 이기셨던 그 힘을 제게 주시어 이들을 섬기게 하옵소서!"

# 거지 철학

걸인선교교회를 드나들 때, 거리의 형제들이 깡통이며 플라스틱 콜라병과 물병을 잘라 만든 용기, 비닐봉지에 급식을 받아 담벼락 밑에 퍼질러 앉아서는 플라스틱 조각으로 밥을 먹는 모습을 볼 때마다 이유를 막론하고 그릇을 준비해야겠다고 생각했다. 하지만 선교센터의 의견은 분분했다.

'그릇을 주면 누가 씻을 것이냐?'

'다 없어져 버릴 것이다.'

'포크를 주면 찌르고 싸울 것이다.'

하지만 그곳에 들렀던 막내아들의 눈물을 나는 잊을 수가 없었다.

"엄마! 저들에게 단 한 번이라도 식탁에서 접시와 수저로 사람처럼 밥을 먹을 수 있게 해 주세요. 이렇게 먹게 두는 것은 저들을 무시하고 멸시하는 것이며, 그것은 하나님도 화가 나실 거예요!"

'그래 온갖 욕을 다 먹어도 할 수 없다. 하나님은 아시겠지!'

플라스틱 용기와 수저를 사서 싸들고 봉사장소로 갔다. 곱지 않은 시선은 당연히 받아야 할 눈총이라 애써 못 본 척 하고, 밥을 그릇에 담고 수저를 나누어 주었다.

'오늘 몽땅 없어져도 좋다. 씻어서 두고 갈 사람은 두고 가고, 가지고 갈 사람은 가지고 가든지 그 까짓것 모자라면 다시 사오면 돼지.'

환해지는 그들의 표정만 보고도 나는 행복했고, 음식도 깨끗해 보이고 맛이 있어 보였다.

그런데 대체 무슨 일인지 여섯 명이 죽어도 깡통에다 밥을 먹겠다고 고집을 부리고, 버럭버럭 화까지 내는 것이었다. 달래 보아도 소용이 없었다. 절대 그릇에 먹을 수도 없고 수저도 싫다는 것이었다. 할 수 없이 플라스틱 그릇에 밥을 퍼 주는데 무엇이 또 그들의 불편한 심기를 건드렸는지 냅다 밥그릇을 패대기쳐 버리고는 씩씩거렸다. 밥알에 섞인 팥이 바닥에 사방으로 날아가 퍼드려졌다. 이유인즉 자기 밥 그릇(플라스틱 콜라병 자른 것)이 다른 사람의 것과 바뀌었다는 것이다.

"자존심이 있지, 아무데나 먹을 줄 알아?"

없어도 거지 철학을 아주 철저히 지키나보다. 더럽고 쓸모없는 것 한 조각에 불과 한 것이지만 그것만이 자기 것이라는 확실한 생각과 습관, 이곳 사람들은 자기 스스로 거지임을 인정하고 거기에서 벗어나려 하지도 않았다.

"주여! 이들을 불쌍히 여기시고 주께서 저들을 품어 주시어 새 삶을 허락하시옵소서!"

# 팁이오!

　나눔의 집에서는 형제들로 하여금 얻어먹는다는 생각을 하지 않도록 20센트의 밥값을 지불하고 식사를 하도록 했다. 원화로 따지면 190원 정도 되는 금액이다. 이것도 없는 자들은 별도로 줄을 서서 나눔을 가진다.

　내가 머리를 깎는 날 남편은 돈을 받고 표를 나누어 주는 일을 했다. 한 번은 남편이 25센트를 낸 사람에게 5센트를 거슬러 주려는데 "당신 몫이오. 당신 가지시오!" 하며 선뜻 인심을 쓰더란다.

　정말 재미있는 사람들이다. 몇 만원이 넘는 음식을 먹고도 서비스 하느라 진땀을 흘리는 웨이터에게 일 달러를 줄줄 모르는 사람들 하고는 거리가 먼 여유와 넉넉한 유머를 소유한 사람들이다.

　점심을 먹고 나면 저녁에 먹을 한 조각 빵을 걱정해야 하는 행려자들의 삶 속에서 나오는 이런 여유와 유머는 작은 일에도 '신이 당신을 축복하기를 원한다' 며 축복하는 남미인들의 특유한 낙천적인 성격 때문이리라!

　남편은 모인 행려자들이 모두 동전을 내미는 가운데 1헤알(한화 천 원)짜리 지폐를 내고 혼자 먹는 사람은 아주 대단한 부자처럼 보여 다시 한번 바라보게 된다고 한다. 1헤알이 얼마나 큰 것인지 새삼 생각하게 되고 돈의 위력이 얼마나 큰지 생각하게 된단다. 어깨가 축 처져 있던 사람이 돈을 내는 그 순간만은 어깨에 힘을 주고 당당히 서 있다는 것이다.

　이런 사람들은 대개 일시적으로 일자리를 잃은 가장들이다. 모두들 기술도 있고 바로 얼마 전까지 직장이 있었는데 하루아침에 거리를 방황하게 되었다. 그들이 "내일 면접을 하러 갈 겁니다. 잘 좀 깎아 주세요."라고 말하면 나는 있는 기술 없는 재주를 다 동원하여 정성을 드리고, 새 면도날 한 개와 작은 손거울을 빌려 준다.

　그리고 오늘밤 꼭 기도하는 것 잊지 마시고, 혼자 가지 말고 하나님과 함께 가라는 당부도 잊지 않는다.

# 냄새 중독증

거리의 형제들을 만나면서 나와 남편은 그들의 냄새가 더 이상 느껴지지 않아야 진정으로 그들과 함께 하는 것이라 여겼고, 혹시라도 그들에게서 역하고 냄새가 느껴지기라도 하면 아직도 수도가 부족한 것이니 더 단련을 하자며 웃곤 했다.

세월에 코도 익숙해졌는지 그저 땀 냄새 정도였고, 때로는 그마저도 잊을 수 있었다.

"맞다! 이제 코도 지쳐서 포기를 하고 냄새를 맡지 않나보다."

그래도 된장찌개 냄새가 구수한 것도 잘 맡고, 담배 냄새를 귀신같이 잘 잡아내는 것을 보면 아주 못쓰게 되지는 않은 것 같았고 다만 그 냄새에 익숙해졌던가 보다.

어느 날 군데군데 시커먼 때 투성이에 궁둥이를 반쯤 내놓은 형제가 어깨까지 내려온 더벅머리를 깎아 달라며 철퍼덕 의자에 주저앉았을 때, 와, 질식할 것 같은 그 냄새! 고약한 그 냄새는 상상을 초월할 정도로 내 생전 전무후무한 냄새였다.

세상 말로 "주님! 이 냄새 죽입니다!"

똥을 싸고 뭉개고, 미처 마르기 전에 또 싸고 뭉갰나 보다. 바지가 무거워서 궁둥이 중턱에 걸려 있었나 보다. 이렇게 살다 죽으랄 수도 없고, 목욕을 시킬 수도 없고, 갈아입힐 바지도 없고, 그렇다고 머리를 깎아 주

지 않을 수도 없고, 숨을 들이 쉴 때마다 똥이 한 바가지씩 날아 들어오
는 것 같았다.

이럴 때 좀 이질감을 느끼더라도 마스크가 있었더라면 요긴하게 사용
하였을 것이다. 숨을 아주 잘 조절하여 조금씩 들이키며 쓱쓱... 잘 깎고
못 깎고는 신경 쓸 여지가 없이 완전 무성의로 그저 닥치는 대로 깎아
치우고, 갑자기 조용해진 주위를 돌아보니 줄을 서 있던 다른 형제들이
모두 코를 잡고 저만치 나가 서 있었다.

그가 돌아간 후에도 그 고약한 냄새는 사라질 줄을 몰랐다. 그 지독한
냄새는 내 코를 확실히 길들였다. 그 이후 내 코는 웬만한 냄새는 악취라
고 생각하지 않고 무시하는 확실한  버릇이 생겨버렸다.

"주님! 감사합니다. 작은 사랑이나마 진정으로 나눌 때가 왔습니다."

# 지원 봉사자

사사가 8명 정도의 자원 봉사자들을 소개해 주었다. 그들은 직업도 없고 아주 어려운 상황에 있었지만 다른 사람들을 위해 무언가 하고 싶다며 봉사자를 자원하고 나선 것이다.

아직 훈련은 되어 있지 않지만 어려운 환경 가운데서도 남을 위해 무엇인가 하겠다는 그 동기와 마음을 높이 사 그들을 보내 주신 하나님께 감사드리고, 조금씩 훈련하며 함께 일하기로 했다. 그들은 아주 소극적이긴 해도 처음 하는 일을 열심히 도왔다.

한 번은 골목에 나가서 맨발로 다니는 아이들이 얼마나 되는지 명단을 작성해 달라고 부탁했더니 열심히 적어 왔다.

무심코 수량과 사이즈만 확인하고는 필요한 양의 신발을 준비한 후, 한 켤레 한 켤레 이름을 적어가다 보니 한 세대에 6-7켤레가 허다했고, 걷지도 못할 1살짜리, 8개월짜리도 있었다.

최소한 슬리퍼를 신으려면 1년 6개월은 지난 어린이라야 할 것인데… 어찌 된 일인지 살펴보니 8살짜리의 이름에 어른 사이즈가 적혀 있고, 판잣집 번호엔 자원봉사자들의 식구들도 줄줄이 적혀 있었다.

누구의 것이면 어떠하랴. 하지만 모두 부족한 것뿐인 그들이다 보니 급식도 먼저, 무엇이든 먼저 자기들부터 챙겨야 했나보다. 손길이 닿지 않고 끝내 한 조각의 빵도 먹지 못하고 말아야 할 사람들이 머릿속에 아른거렸다.

너나 할 것 없이 다 없는 사람들이다. 가진 것도 없고 의지할 곳도 없는 사람들이다. 봉사자들도 다 도움을 받아야 할 사람들이다. 하지만 무엇보다 중요한 것은 먼저 이들을 훈련하여 진정한 봉사자의 정신을 가지도록 하는 것이었다.

'이 세상 것으로는 아무것으로도 저들을 채우지 못하리라!'

오직 주님께서 저들의 빛이 되어 임하시기를 기다리며, 그들을 소망의 항구로 인도하여 주실 것을 간절히 구했다. 그들을 주께로 이끌 수 있기만을 기도할 뿐 작은 내가 무엇을 얼마나 할 수 있을지 나로선 알 수가 없다.

다만 내 안에 계신 능력의 주님께서 이 모든 일에 함께 하심을 믿고, 또한 내게 능력 주시는 자 안에서 모든 일을 할 수 있으리라 믿는다.

# 울타리들에게

하나님께서는 나를 사랑하고 아끼는 좋은 친구들을 많이 주셨다. 이들의 사랑과 헌신은 나의 아름다운 울타리가 되어 주었고, 늘 나를 행복하게 하며 내가 지쳐 넘어질 때면 다시 일어나 서 있게 해 주었다, 때로는 주저앉고 싶어도 나로 인해 실망하고 슬퍼할 그들을 생각하니 그들은 정녕 내게 다시 새 힘을 얻게 하는 좋은 울타리임에 틀림없다.

아무것도 베푼 것이 없는 내게, 끊임없이 나의 기쁨을 행복해 하며 무조건적인 사랑을 베푸는 사람들이다. 내가 무엇이기에 이토록 귀한 사랑을 받을 수 있도록 좋은 울타리를 선물하셨는지 생각해 볼 때마다 나는 감사하지 않을 수 없다.

이 좋은 친구들이 내 삶의 좋은 동반자요, 내 사역의 동역자로 내가 하는 일이면 무엇에든 이름 없이 빛도 없이 도와주기만 한다. 한 사람 한 사람 이름을 불러 말할 수는 없지만 모두에게 나는 사랑의 빚을 진 자였다. 사랑하는 사람들의 이름을 불러 기도할 때면 그들이 베푼 사랑 앞에 나는 눈물을 흘린다.

반딧불보다 작은 것을 나누는 나에게, 활활 타는 불꽃으로 채워 주시는 은혜의 하나님 그 앞에서 내 마음이 녹아 흘러내리는 것이다.

"주님! 오늘도 나는 이름표를 붙인 슬리퍼를 한 켤레 한 켤레 상자에 담으면서 눈물을 흘렸습니다. 그것을 보내신 분이 살아오신 삶의 아픔을 알기에 그분의 것은 눈물이 나도록 아픈가 봅니다. 어떤 이가 당신을 괴롭게 하여 물질을 잃었기에 이것을 보내고 싶었다는 그분의 마음이 더욱 나를 아프게 하였습니다."

"내 아름다운 울타리들이여! 당신들의 아름다운 사랑으로 인하여 나의 마음속에 반딧불 사랑이 자리 잡은 것임을 당신들은 아십니까? 당신들의 사랑으로 인하여 언제나 내 자리를 지킬 수 있었고 나는 오늘도 내 작은 소망을 주 안에서 이루어 갈 수 있습니다. 주께서 아름다운 당신들의 눈물을 씻어 주시고 내게 베푼 그 귀한 사랑을 만 배로 갚아 주시기를 기원합니다."

# 아버지의 집

# 주린 자

배고픈 것이 얼마나 고통스러운 것인지는 주린 자만이 안다. 말로 설명할 수 없는 처절함과 함께 뼈 속 깊이 저려오는 아픔과 시림 이상의 그 무엇이 있다.

배가 고플 때는 교양도, 지식도, 더러움도, 깨끗함도, 수치도, 자존심도 보이지 않고 다만 무엇이든 먹을 것만 보인다. 먹을 것 외의 다른 것들은 따사로운 나라의 이야기일 뿐이다.

나의 배고픔의 고통은 먹을 것 앞에 눈이 뒤집어질 만큼 대단한 것이었다. 무엇이 더럽고 무엇이 깨끗한지는 중요하지 않았다. 이민자의 삶에서 가난과 주림을 경험하였기에 최소한 배고픔의 고통이 어떤 것이라는 것은 나는 안다.

주린 자가 할 것은 아무것이나 먼저 먹어야 하는 것이다. 너도 나도 가진 것이 없는 자들이 모인 곳에서 너나 할 것이 모두가 배고픈 사람들이다. 그 속을 드나들며 나누다 보면 웃지 못 할 일을 당할 때가 많다.

한 번은 도와주겠다며 빵을 들고 앞서 가던 형제가 급식의 절반을 가지고 연기처럼 사라져 버렸다. 버리진 않고 먹기야 하겠지만, 급식을 기다리던 아이들이 실망하고 섭섭해 할 걸 생각하니 답답하기 짝이 없었다.

사사를 불러 사정을 이야기하였더니 어딘가로 부지런히 갔다가 험상궂은 아주머니 하나를 앞세우고 돌아왔다. 아주머니는 대뜸 물었다.

"당신 빵 몇 개를 잃어버렸소?"

나는 기가 막혔다. 가져간 것 도로 가져오면 그만일 것을 얼마를 잃어버렸는지 질문을 하고 있는 것이다.

빵 12개들이 봉지 9개 총 108개와 소시지 60개들이 한 봉지라고 정확히 이야기를 해 주었건만 잠시 후 빵 봉지 다섯 개를 들고 와서는 "또 내가 가진 것이 있을 것 같소?" 물어 보았다.

아직도 모자란다고 하자, 다시 두 봉지를 더 들고 나타나서 다시 "아직도" 더 이상 할 말이 없어 가만히 바라보고 있으니까 아무 일도 없었다는 듯이 가버렸다.

그날 나는 250명분의 핫도그를 가지고 가서 정확히 128명에게만 나누어 주었고, 나머지는 어디론가 사라져 버렸다. 정확히 어디로 갔냐고 말하라면 누군가의 뱃속이란 것은 확실하니 뭐 그리 서운할 것도 아니다.

하지만 한 사람이 다른 사람 몫까지 먹어줌으로써, 배를 곯아야 하는 아이들을 생각하니 정말 가슴이 아팠다.

원시적이긴 하지만 급식표를 만들어 나누어 주고 철저히 관리를 해야겠다고 생각하며 걸어 나오다 문득 판자촌 입구의 구멍가게에 잘 진열되어 있는 빵 앞에 내 눈이 멈추었다.

주인 아주머니의 얼굴. 바로 몇 시간 전 가져갔던 빵을 돌려주던 그 아주머니! 그 사이를 참지 못하여 벌써 빵을 진열해 놓았다.

"아주머니 소시지는 어디다 뒀소?"

목까지 차오르는 소리를 꿀꺽 삼키고 차에 오르다 뒤따라오던 사사가 빵을 노려보고 서 있는 모습이 보였다. 이럴 때 할 수 있는 것은 웃는 일뿐이다.

"사사! 잊어버리세요. 틀림없는 것은 누군가는 먹는다는 사실입니다. 절대 버리진 않을 것이니 염려치 마세요."

# 고추

　아이들이 맨발로 똥물 넘쳐 질펙대는 골목을 뛰어다니고, 홀딱 벗은 맨 궁둥이를 땅바닥에 퍼질고 노는 것까지 신경 쓸 겨를이 없는 사람들이 사는 곳이다 보니, 삐죽한 고추를 주렁주렁 내놓고 다녀도 누구 한 사람 이상하게 보지도 않는다.

　그것이 안쓰러워 이리저리 방법을 찾고자 하는 건, 외부의 침입자인 나의 걱정이요 안타까움일 뿐이다. 그들에겐 아무런 대책이 없다. 당장 한 조각의 빵이 절대적인 그들에게 벗은 것까지 걱정할 수 없겠지만, 아이러니하게도 상파울루라는 대도시 한복판에서 원시인의 삶을 살아가고 있는 것이다. 인디언들이야 환경이 열악하지만 그래도 숲 속을 뛰어다니고 강물의 고기도 잡아가며 밀림지역에 살고 있으니, 여기와 비교하는 건 의미가 없다.

　이곳에서 나를 황당하게 만드는 것은 바로 예배시간이다. 예배시간에 꼬마들의 벗은 모습을 보면 황당하기 짝이 없다. 다음 주에 가져다 입히면 되지만 당장 예배를 드리고 있는데 이 구석 저 구석에서 삐죽이 내놓고 서 있으니 기가 막힐 노릇이다. 입을 것이 없는 아이들이다.

　우리들이 사는 세상은 어떠한가. 마음에 들지 않아 입지 않는 옷, 예쁘지 않다고 입지 않는 옷, 이런 이유 저런 이유의 옷들이 난무한 세상이다. 한 벌에 수천 불 하는 속옷을 빼입는 이 호화로운 세상 속에, 고추 하나 가릴 반바지 쪼가리 한 장이 없는 아이들이 지천이다. 한국이었으면 달고 태어난 것만으로도 대단하였을 고추가 이곳에선 가난의 소산처럼 천덕꾸러기가 되었다.

'무엇이 이들을 이토록 만들었을까?'

가난이야 세상 끝날까지 지속된다 하더라도, 절대적인 빈곤에 처해 있는 저들을 위하여 조금씩만 나눌 수 있다면 얼마나 좋을까. 우리는 가진 것이 너무 많은 자들이다. 우리의 가진 것을 세어본다면 어찌 감히 부족하다고 투정할 수 있을까.

우리가 소유가 적어 나눌 수 없다면 우리에게 있는 '예수의 이름'을 저들에게 나누어 주자. 그리하면 삶에 새로운 변화와 소망이 있으리라!

# 거두는 자

소유가 많다고 해서 가난하고 소외된 자를 거두고 나누는 것이 아님을 우리는 늘 보아왔다. 쓰고 남는 것 중 일부를 남에게 베푸는 것이 선한 일일 게다. 배가 터지도록 싸안고 나눌 줄 모른다면 그것이 정녕 무슨 의미가 있겠는가.

넘치는 물질을 어찌 처리할 바를 몰라 천방지축 이리 뿌리고 저리 뿌리는 사람들이야, 배고픔에 시달려 죽어 가는 사람들 세상의 이야기는 관심도 알려고 하지도 않을 것이다.

등 따시고 배부른 사람이 남의 배가 등가죽에 붙어 있는지 창자가 말라틀어졌는지 어떻게 알겠는가. 나라고 어찌 다르겠는가, 내 배가 부른 때는 남의 배도 부른 것 같이 느끼니 말이다.

주린 자만이 주린 자의 심정을 안다고 했을까, 판자촌 형제들은 길바닥에 버려진 정신 이상자들을 만나면 데려와 얼기설기 나무판자를 엮어 비를 피할 공간을 마련해 준 다음, 이웃이 서로 조금씩 나누어 거둔다.

공간이라고 해야 반 평도 안 될 작은 것이라 한 몸 눕히기도 작을 것 같지만, 모두 모자라는 것 투성이인 이곳에서 한 조각 판자, 물 한 모금도 소중한데 이 어려움 가운데에서도 그들은 자기 몫을 나누고 있다.

"이 사람들을 왜?"

정신 이상자들을 만나면 왜 데리고 와서 거두느냐고 물어보았다.

“정신이 있는 사람은 구걸도 할 수 있고 주워서도 먹을 수 있지만 정신이 없기 때문에 그마저 할 수 없어 버려두면 굶어 죽게 됩니다.”

누가 이처럼 버려진 자에게 깊은 관심을 가지고 그 생명을 걱정할 수 있을까? 생각을 하니 머리가 숙여지지 않을 수 없다. 이것이 진정한 나눔일 것이다.

“이 아름다움을 주님 당신이 보시고 계십니까? 세상을 부끄럽게 하고도 남을 만한 아름다운 마음들입니다. 주님 저들을 축복하시옵소서. 저 마음을 돌아보시옵소서!”

# 볼리비아 여인

　이민자들은 꿈과 희망을 가지고 미지의 세계로 들어온다. 꿈을 이루기 위해 온갖 고생과 설움을 마다 않고 이민자들은 내일의 희망을 안고 없는 힘까지 동원하여 낯선 땅에서 뿌리를 내리려고 몸부림을 친다. 이것이 이민자의 삶이다.

　벙어리 귀머거리 과정을 어찌 다 말로 표현할 수가 있을까만은, 세월이 흘러간  지금으로선 아주 좋은 이야기거리가 되어  눈물까지 절절 흘려가며 박장대소할 수 있음은 이제 그만한 여유가 생겼기 때문일 것이다. 이민자라면 다 겪었을 일이요, 모두가 비슷한 꿈과 희망을 가지고 출발한 인생길일 것이다.

　판자촌 식구들이 마련해 준 조그만 공간에 개나리 보퉁이 같은 것 하나 가슴에 부둥켜안고 무엇을 그렇게 증오하는지 무서운 눈빛으로 진종일 쪼그리고 앉아 있는 이 볼리비아 여인이라고  그런 꿈을 가지지 않았다고 할 수 없을 것이다.

　무엇이 이 여인을 이처럼 만들었을까? 험한 세상 속에서 무슨 험난한 삶을 살았기에 저리도 무서운 얼굴을 하고 쏘아 보고 있는 것일까? 여인을 찬찬히 들여 다 보노라니 여자로서의 아픔의 눈물이 흐른다.

　여자의 일생!

　갱년기를 이제 막 접어 들었을 그녀의 얼굴엔 파란만장한 여자의 일생이 그려져 있다. 기구한 운명에 잔인하게 짓밟혔을 여자의 생이 보이는 듯 하다. 정녕 가야 할 곳이 어딘지 모르는 여인! 자신이 누구인지도 잊어버려야 했던 이 사람을 어떻게 해야 할까?

육신의 장막이 벗어지는 날, 우리들에게 돌아갈 영혼의 본향집이 있음을 어떻게 알려 줄 수 있을까? 안식할 영원한 집이 저 하늘에 있음을 아무리 소리쳐 본들 저 여인이 알아들을 수 있느냐 말이다.

"여인아, 불쌍한 여인아! 원망에 가득 찬 눈이라도 스르르 내려 감고 잠시라도 쉬려무나. 이 세상은 순례의 길, 우리네 인생은 잠시 쉬어 가는 나그네임을 잊었더냐? 이 세상 하룻밤 길… 억울함에 맺힌 한 새벽잠 깨일 때 던져 버리자꾸나!"

주님, 이민의 꿈도 희망도 모두 잃고 자신마저 모두 잃어버린 이 여인에게 은총을 베푸시사 주님의 자비로우심의 빛으로 여인을 품어 주시고, 다시는 눈물이 없고 근심이 없는 그곳으로 여인을 인도하여 주시옵소서!

# 축복을 받은 자!

내가 거리의 형제들을 만나 그들과 더불어 나누는 것을 이해해 주는 사람들은 별로 없다. 반응도 가지가지다. 그중에서 가장 많이 듣는 소리는 "정신이 나간 짓!"이라는 반응이다.

그들이 드는 이유는 이렇다.

"다른 일도 할 일이 많은데 하필이면 그런 일이냐?"

"그런 일 하지 않고도 살아가는데 지장이 없지 않소?"

"억지로 해야 하는 것도 아닌데 굳이 그럴 필요가 있느냐?"

"세상에 지천으로 널려 있는 것이 거지들이고 가난한 사람인데 어떻게 하겠다는 것이냐?"

"더러워서 밥도 안 넘어가는 사람들을 만지다가 병에 걸리면 어떻게 하느냐?"

"이나 석회가 옮으면 어떻게 해?"

억지로 하는 것도 아니고 대단한 것도 아니다. 그저 작은 것… 오직 내가 할 수 있는 것은 나누는 것뿐이다. 하나님께 사랑의 빚을 졌으니 이 작은 자로서는 마땅히 해야 할 일이 아니겠는가. 그들과의 만남을 통해 하나님께서 내게 너무 많은 것을 주심을 다시 한번 감사드릴 뿐이다.

모두가 나와 다르니 누구에게 좀 도와 달라 말 할 수가 없다. 남편과 아이들에게도 강요하지 않는다. 오히려 궂은 일을 마다 않고 묵묵히 버팀목이 되어 주어서 한 없이 고맙기만 하다.

때로는 힘들고 외로울 때도 있지만 주신 행복에 감사드린다. 수많은 사람들 가운데 연약하고 부족한 내게, 주께서 허락하신 귀한 사명으로 작은 것이나마 나눌 수 있는 기쁨과 특권으로 채워지는 이 행복, 입으로는 설명할 수가 없다. 그 귀한 특권은 축복을 받은 자들에게 주시는 하나님의 선물일 것이다.

언제나처럼 빵을 나누고 머리를 깎는 그 곳에, 해맑은 얼굴의 집사님이 이발 도구를 싸들고 찾아오신 날, 나는 감격해 마지하지 않을 수 없었다. 현지인들도 접근하기 무서워하는 이 동네에 지구 반대편에서 온 지 30일도 되지 않은 여자분이 "오직 예수!" 능력의 이름만 의지하고 당당히 찾아 걸어 들어온 것이다. 태워다 주신 목사님께서 위험하다시며 만류하는 것도 뿌리치고 험한 이곳에 사랑을 들고 찾아오신 것이다. 잠시 이곳을 한 번 돌아보신 것뿐인데, 이곳을 다시 찾아오신 집사님께서는 누군가를 위해 쓰여지길 기도하며 이발 기술을 배우셨다고 한다.

브라질 교포도 아니고 현지인도 아닌, 지구 반대편 한국에서 동역자를 주께서 보내 주셨다. 형제들의 아픔을 함께 나누고, 함께 울고 함께 기뻐할 자를 주께서 파송하신 것이다.

험한 이곳에 또 다른 여자를 선택하시어 보내 주신 주님! 이 사람은 분명 주님의 '축복을 받은 자!' 이기에 함께 하게 하셨음을 믿습니다.

# 아버지의 집

　그리스도의 보혈로 하나된 형제들이 주님의 몸된 교회로 모여 생명의 떡을 나누고 마음을 드리는 시간을 가졌다. 자신이 죄인임을 깨닫고 용서함을 얻은 자들이 아버지의 집으로 하나의 가족이 되어 모인 것이다.

　그곳에 모인 우리는 너나 할 것 없이 죄인이다. 누가 대역 죄인인지, 능지처참을 받아야 할 자인지, 누가 곤장 수백 대를 맞아야 하는지 따질 필요도 없이 모두 다 똑같은 죄인들이다. 그 형량을 어찌 헤아릴 수 있을까, 우리 각 사람은 구주를 영접함으로 그저 죄 없다 인정받았으니 따지고 보면 그리스도 안에서 잘나고 못난 것도 없이 다 똑같은 사람들일 뿐이다.

　그런데 이상하게 하나님 편에서 재판하는 재판관들과 검사들이 언제 나타났는지 배심원들까지 동원하여 사정없이 정죄하고 몰아붙이더니 결국은 그리스도 몸된 교회를 발기발기 찢어 버리고 마는 것이다.

　이런 경우에는 누구의 잘잘못이 문제가 되지 않는다. 우리는 모두가 죄인이라는 것만 기억하면 된다. 승자도 패자도 없는 싸움에서 무슨 특별 대상을 받겠다고 기도까지 해가며 열심을 내는지 안타깝기만 하다.

　복음을 분투하듯 전했더라면 나라가 변하고 온 세상이 변하고도 남았을 것이다. 나름대로 이유야 있겠지만 하나님의 기준으로 잰다면 불완전한 우리 인간이 무슨 할 말이 있겠는가.

불완전 한 자가 똑같이 불완전한 사람에게 완전을 요구하며 장로가 저럴 수가, 집사가 저래 가지고 하다 보니 떠나는 자와 남는 자로 갈라지는 풍랑 만난 교회들… 난파 직전의 배처럼 방향을 잡지 못하여 갈팡질팡 하고 있으니 침몰할까 두려워 누가 들어갈 수 있을까. 이럴 때 하나님은 누구를 칭찬하실까? 너도 아니고 나도 아닐 것이다.

악한 종의 비유(마18)를 잠시 생각해 보자. 이들의 모습이 우리와 전혀 다를바 없다. 실수도 많고 흠도 많은 것이 우리네 인생들이다. 죄인임을 깨닫고 스스로를 인정하자. 우리가 할 일은 하나님 앞에서 용서를 빌고 주의 은혜를 구하는 것뿐이다.

흠이 많고 불완전 한 자들이 모였지만 주의 은혜를 덧입고 산다면 주께서 내게 원하시는 바가 무엇인지를 돌아보아 그 일을 위하여 준비하고, 작은 힘들을 모아 큰 일을 이루어 가야 할 것이 아닌가 말이다.

네가 나보다 훨씬 잘나도 좋고, 내가 좀 모자라다 한다고 해도 그 또한 좋을 것은 모자라지 않으면 될 것이 아닌가? 잡다한 모든 것 십자가 아래 접어두고 말씀하신 바대로 "형제의 허다한 허물을 덮어 주며 서로가 서로를 낮게 여기며 원망과 시비가 없이" 주의 일을 감당하고 내 아버지의 집에서 함께 기도하며 좋은 것으로 서로 나누며 천국을 향한 순례의 길을 더불어 가기 바라는 마음 간절하다.

# 빌어먹다 죽을 놈

# 별천지

　천근만근 무거운 가방을 늘어뜨린 채 고약한 냄새가 풀풀 나는 판자촌 골목길을 터벅터벅 걸어 나오다 문득 아름다운 별천지 생각이 났다. 지난 11월에 여행하였던 NATAL(본향)이라는 곳이다. 그곳은 상파울루에서 북쪽으로 여섯 시간 거리이며 적도 가까이에 있어 그 아름다움은 가히 감탄할 만하다.

　밑바닥이 환히 들여다보이는 맑은 바다, 파도가 밀려들어오는 저만치 물 속으로 둘러쳐진 화강암이 파도가 없는 자연 수영장을 만들었다. 자동차로 수십 킬로를 달려도 끝없이 펼쳐지는 수영장과 열대지방 특유의 아름다운 풍경, 끝을 짐작할 수 없는 사막이 산너머 언덕 위에 펼쳐져 있는 광경, 하나님의 그 오묘하신 솜씨와 연출에 찬양을 하지 않을 수 없었다. 이삼일 내내 감탄사였다. 그중에서 나를 사로잡은 것은 거기에 있는 판자촌이었다.

　바닷가 언덕의 조그만 집들에는 바나나가 무르 익어 가고 있고, 하루에 한두 번씩 찾아오는 돌고래들의 향연이 아름답기만 하다.

　그 판자촌의 주민들은 하루에 두어 번씩 공해가 전혀 없는 해수욕을 즐기고, 부자나 가난한 자나 한데 어울려 해변에서 수영과 축구를 즐긴다. 너나 할 것 없이 반바지 하나 덜렁 걸치고 사는 별천지, 그 별천지에는 낭만이 가득하고 유머가 절절 넘쳤다.

그곳은 분명 별천지다. 마실 옷차림의 무명 가수는 노랫가락에 맞추어 몸을 흔들어 대면서 구운 고기 조각을 나누고는, 낯선 동양인에게 '2002년 월드컵은 한국과 브라질이 함께 나란히 이기자' 며 즉석에서 작사 작곡해 그 지방 특유의 가락으로 구구절절 불러 넘기면서 둥둥둥 북을 두드려댔다.

이들은 자기의 절대적인 것들을 나눌 줄 아는 지혜가 있다. 축구하면 밥을 굶어도 응원해야 하는 일이지만 함께 이기자니 말이라도 고맙기만 하다. 따스한 그들의 마음 속엔 넉넉함이 베어 있다.

'그 별천지에 이곳 사람들이 가서 살 수 없을까? 도시에 무엇이 있다고 찾아와 이처럼 고생을 하나? 부자집 개들도 이보다는 나을 것이다.'

별천지 생각을 하다 보니 서러운 눈물이 흘러 내렸다. 서러워 운들 내가 저들을 위하여 무엇을 할 수 있을까. 어느새 나는 울보가 되었다.

# 그래서 안 됩니다

넘치는 똥물에 살림이라고 있는 것마저 떠내려가고, 난리가 벌어지든 말든 가만히 있던 브라질 성당에서 잘 먹어 평수가 넓은 아주머니 셋을 보내어 수난 주간에는 나타나지 말아 달라고 한다.

일 년에 한 번 예루살렘 입성하신 예수님을 재현하는 행사를 하는데, 내가 나타나면 사람들이 나와 함께 하기 때문에 행사가 방해된다며 일 년에 한 번이니 오지 말아 달라는 것이다.

가만히 듣고 있자니 속이 뒤집어지고 부글부글 끓어오르는데, 확답을 듣지 않고는 안 가겠다는 식으로 머리 깎는 코 앞에 의자를 갖다놓고는 아주 떡 버티고 앉는다. 아니 일 년 내내 코빼기도 안 보이고 굶어 죽든 말든 관심도 없다가, 무슨 매스컴 타야 될 일 있나. 왜 행사는 하필 이곳에서 한다는 것인지 그 속을 알 수가 없다. ‘매년… 하는 행사?’ 그래도 일 년에 한 번은 이들이 살아 있다는 것을 확인은 하는 모양이니 관심치고는 대단하다.

“누가 와서 행사를 주관하오?”

“신부님!”

“그분 여기 한 번 오신 적 있소?”

“작년 행사 때 그분이 하셨지요.”

“그리고 이번에도 그분이 오십니다.”

"그러기 때문에 사람들이 모이지 않으면 곤란합니다."

난 다시 물었다.

"행사가 몇 시간 동안 진행되는가요?"

"1시간."

"그럼 내가 3시 반에 시작할 테니, 2시부터 3시 반까지 행사하십시오!"

"그러지 말고, 일 년에 한 번이니 오지 마시오. 당신도 목자 아니오!"

오냐, 그래 정말 말 잘했다!

"그렇소, 당신이 말한 대로 내 꼴이 이래도 내가 목자요. 그래서 안 되오! 당신들 남의 목장에 들어가 양들을 몰아 보겠다고 하루만 빌려 달라고 해 보시오. 아무도 빌려 주지 않을 것이오. 원 세상에……"

마지못해 한 시간 반 먼저 와서 행사를 하겠노라고 대답을 하고 가는 그들 표정엔 빈정거림이 엿보였다.

한 생명의 소중함을 모르는 저들에겐 타인에게 보이기 위한 그 행사가 그들만의 선행이었다. 무엇을 얻기 원했던가. 저들의 가슴속엔 사랑이 없었다. 저들이 이 사람들 가운데 계시는 예수 그리스도를 볼 수만 있다면……

# 유태인

내겐 유태인 친구들이 있다. 그들은 어려운 자를 돕는 데 늘 앞장을 서는 편이다. 넉넉하지 않아도 주의 것은 주께 드린다는 사상이 철저히 벤 사람들이다. 유태인들이 가장 즐겨하는 일 중 하나가 구제며 그 중에서도 음식을 나누기를 아주 좋아한다는 것을 나는 알았다.

연초가 되면 신발주머니 모양의 헝겊 주머니를 수백 개씩 만들어 그 속에다 자질구레한 학용품을 골고루 담아, 판자촌을 찾아다니며 나누어 준다. 구제하는 일이라면 모든 일을 제껴두고 팔을 걷어붙이고 뛰어 다닌다.

세월이 흘렀지만 유태인들에겐 다른 면이 있었다. 작은 것이라도 한 번 시작하면 지속적이고 약속을 어기는 법이 없다. 구제하는 일이라면 먹고 남은 것으로 하는 것이 아니라 어려운 가운데서도 절대적인 것으로 여기며 구별하여 드린다.

이 친구들이 주말이면 언제나 250명분 간식으로 빵과 그 외의 것들을 사 가지고 온다. 종업원을 많이 거느린 사장님들이라도 이 일만은 꼭 직접 구입하여 정성스럽게 가지고 오신다. 금액이 작든 크든 동참하겠다는 사람들과 똑같이 나누어 지불을 한다.

'몇푼 되지도 않는 것 내가 한다' 는 태도를 가진 사람은 없다.

누구든 동참하기를 원하며 분명히 계산하여 작은 동전까지도 정확히 나누어 지불을 하도록 한다. 동참하겠다는 친구가 늘어나기 시작하면 처음 시작하였던 금액만큼을 최소한으로 정하고 모두 그 액수를 지불하게 하여 그 다음 단계로 진행한다.

화려하게도 크게도 계획을 세우지 않고 할 수 있는 한도 내에서의 일을 해 나가다가, 조금 더 많은 사람들이 동참을 하게 되면 다음 일을 시작하는 것이다. 아무에게도 절대 부담을 주지도 않고 자신도 부담을 가지려 하지 않으며 최소한의 것을 가지고 최대한 정성과 열심을 다하는 모습에 경건함이 느껴진다.

이번 주부터는 약간의 돈이 남으니 이 죽이는 약을 여러 병 구입할 수 있고, 구제 양식도 일부 구입하여 간식과 함께 보내겠다고 연락을 하였다. 명칭도 없고 거창한 사업 계획도 있을 수 없는 구제 앞에서 종교를 초월하여 이름도 빛도 없는 숨은 손길이 되어 돕는 그들을 보니 요즘 교회가 연중행사처럼 하는 선교지 답사를 다시 한번 생각해 보게 된다.

# 질긴 목숨

　마을회관이 좁아 모이는 사람들을 모두 수용할 수 없게 되자 사사와 의논하여 좀 더 큰 장소로 옮기기로 하였다. 어느 날 사사는 새로운 곳을 봐 두었으니 그곳에 이층 판자를 올리면 아래층은 급식과 이발 및 환자를 돌볼 수 있는 진료소용으로 작은 공간을 만들 수 있다고 한다. 그리고 이층은 주일학교며 작은 예배실을 만들 수 있다며 땅을 보지 않겠느냐고 하였다.

　손바닥만 한 땅도 이들에게는 금싸라기처럼 소중하건만 나의 하는 일을 나름대로 이해하고 최선을 다하여 도와주니 고맙기만 하다. 땅거미가 슬슬 내려앉을 시간에 머리 깎는 일을 마치고 금싸라기 같은 땅을 보러 갔다.

　우리는 쓰레기더미가 수북이 쌓인 땅 앞에 섰다. 해가 떨어지는 것을 신호로 모기 부대가 사정없이 공격을 한다. 어디를 먼저 긁어야 할지 정신을 차릴 수가 없어 수선을 피우고 서 있는데 쓰레기더미 한 구석에 개구멍 같은 판자 쪼가리 문이 하나 보였다 개집 치고는 좀 크고 사람이 산다고 할 수도 없는 1미터 반 높이나 될까 하는 판자였다.

　"사사, 저것이 무엇이오?"

　"거동이 불편한 노인 부부가 살고 있소!"

　"들어가 봅시다."

　"자려고 누웠을 것이오!"

이른 이 시간에 잠은 무슨 잠이냐고 되묻는 내게 사사는 말했다.

"전기도 없는 굴속에 기력도 없는 노인이 그것 말고 할 일이 있겠소?"

기어 들어가 보니, 책상 하나만한 좁은 나무판자 위에 시청에서 준 5센티도 안 되는 얇은 스펀지를 비닐도 뜯지 않은 채 깔고 누워 있는 두 사람이 눈에 들어 왔다. 침입자를 보고 부스스 일어난 두 노인은 해골처럼 뼈만 앙상하게 남아 있었다.

둘 다 살아 있다하기엔 숨소리조차 가늘었다. 질긴 것이 목숨인가보다… 이래도 살아 있으니 말이다.

"질긴 목숨아, 어찌하랴! 네가 붙어 숨을 쉬는 동안에는 먹어야 할 터인데 어디서 먹거리를 찾아오며, 누가 무슨 수로 끓인단 말이더냐? 이래도 살았다 하겠느냐? 네가 말좀 해 보거라."

# 빌어먹다 죽을 놈

좁은 공간을 비집고 겨우 궁둥이를 걸쳤다. 하고 싶은 말이 있었는지 숨을 겨우겨우 몰아쉬며 모기 소리처럼 목소리가 가늘어도 이야기를 하려고 하였다. 간추려 보니 아들이 있을 때까지만 해도 이 작은 공간은 행복했다고 한다.

'빌어먹다 죽을 놈!'

아들이 노부부를 버리고 멀리 가버렸다기에 하마터면 욕설이 나올 뻔할 정도로 화가 났다. 그런데 더욱 나의 가슴을 치게 만든 것은 그 다음 대목이었다.

"그놈이 말이야. 내가 모르긴 해도 그 하얀 가루약이 널 죽일 것이라고 수도 없이 말렸는데, 그 불여우 같은 년하고 그것 가지고 쏘다니다 죽었어."

몸을 추스리려고 안간 힘을 쓰는 할머니를 보며 나는 속으로 생각했다.

'마약 때문에 총 맞아 죽었나?'

할머니는 침이 말랐는지 꺽꺽거리시더니 말을 이었다.

"그놈 죽던 날, 스파게티 먹고 싶다고 했는데 그것도 없어서 못해 줬어. 허연 거품을 입에 물고 뒤집어져 병원에 실려가더니 하루가 지난 뒤에 죽었다고 연락이 왔어. 나는 못가고 아버지가 갔다 왔어. 고얀놈 내가 그렇게 말렸는데, 결국 그놈의 하얀 가루 때문에 죽은 게야. 고얀놈! 나, 그놈

먹고 싶다던 스파게티만 생각하면 속이 다 도려내지는 것 같아."

아들이 마약을 하다 죽은 것이다. 부모의 희망마저 거두고 저 먼저 가 버렸으니, 두 노인의 가슴에 묻힌 스물세 살 장정 아들… 맺힌 한과 설움을 풀지 못해 살아갈 의욕마저 잃고 이렇게 두 노인이 누워 있다.

눈물마저 말라 버린 두 노인을 남겨 두고 구멍을 빠져 나오자니 가슴이 터질 듯하다. 언제 끓여 봤을 냄비였을까 나동그라져 있는 그 냄비 속엔 구더기가 기어 다니고, 플라스틱 물동이 속 빗물에 젖은 옷가지엔 퍼런 이끼 가 끼었다. 여러 날이 지났나 보다.

생경스럽게 떠오른 늦가을 한국 돼지우리 위에 곱게 덮여 있던 노오란 볏단의 지붕이 이유없이 아름답고 고상하기까지 했다. 무슨 상념인가, 언젠가 긁적여 둔 두서 없는 글이 문득 떠올랐다.

# 마감

병리실 침대에 홀로 누워
힘 빠진 눈길 스르르 감으려니
들려오는 가래소리 숨 막힌다.
애간장 녹듯 끓어오르는 가래
마지막 숨 넘어가는 소리이련가?


커튼 옆 침대에서 질긴 삶 거둬
세상 뒤로하고 떠나려나 보다.
무엇을 하다가 가는 사람이려나?
끊일 듯 그렁대는 숨길 사이로
몇 마디 쉰 소리는 무슨 말일까?
살려 달라 애원하는 소리이리라!

긴 여정 마감하는 소리시여!
참 안식의 곳으로 부디 가시오
그곳에서 영원히 편히 쉬시오
당신이 누군지 나는 모르지만
훨훨 떠나가시오 날아가시오
가픈 숨 더 쉬려 애쓰지 마시오


나 또한 길 떠날 채비하겠소
나의 날이 오면 그리로 가겠소
눈물과 고통이 없다 하더이다
이별도 죽음도 없다 하더이다.
생명수 흐르는 곳이라 하더이다.


"아! 차라리 서로 손 마주 잡고 훨훨 날아가시오!"

THE TEARS OF THE PRESIDENT

# 한 잔 하겠소?

# 호사스런 꿈 꿨더냐

나눔과 모임의 수도 늘어나자 현지의 자원봉사자들이 동원되어도 혼자 감당하기에 너무나 힘에 부쳤다. 그래서 강의를 나가고 있는 원주민 신학교에 부탁해 동역할 원주민 전도사를 한 사람 구했다.

어디 쉬운 일이 있겠는가. 희생할 각오와 영혼을 사랑하는 마음이 없다면 곤란하니 여러 날 기도하고 결정을 해 달라고 신신 당부했다. 이곳이 얼마나 어려운 곳인지 환경을 보여 주기도 하며 정말 감당할 수 있겠냐며 다시 한번 물어 보아도 하나님의 인도하심으로 인해 가슴이 떨리고 두렵고 벅찬 가슴에 끼니도 거르며 감사했다고 한다. 우리는 정말 감격하며 그를 맞이했다.

첫 번째 주를 함께 일을 하고 나더니 "아, 세상에 이런 기쁨이 있는 곳에 나를 보내신 주님께 감사한다! 정말 필요한 일을 하는 것이다! 이 일을 위해 내가 부름을 받았다!" 며 오두방정 감사를 드리더니, 웬걸 두 번째 주일엔 뼈조리감 같이 입을 내밀었다. 삐친 표정으로 허옇게 해가지고 돌아다니더니, 나와는 상의도 없이 다음주부터 오지 않겠다고 광고를 했다.

"아이고, 저러고도 목사 하겠다고? 야, 이 촐랑이 같은 놈아! 그 감격 일주일 만에 다 삶아 먹었더냐?"

참고 이런 일을 하다 보면 실망할 때가 많다. 구비구비 웅덩이도 있고 언덕도 있으며 폭풍을 만나 주저 않고 싶을 때도 많지만 꿋꿋이 참고 싸워 이겨야 한다고 마음을 추스렸다.

"내가 받은 사명은 이런 것이 아니다! 구질구질한 이곳은 나의 사역지가 아니다."

바로 지난 주일에 이 일을 위하여 부름 받았다면서 침 튀기며 감사하던 놈이, 섬길 생각은 않고 전도사로 대접 받을 호사스런 꿈을 꾸다 침대에서 떨어져 깨었나 보다. 부화가 갑자기 치밀어 올랐다. 저런 인간이 목사 되었다가는 변덕이 죽 끓듯 하고, 양떼들의 속을 날이면 날마다 뒤집었다 엎었다 하겠다.

"호사스런 꿈이나 꾸고 잘 먹고 잘살아라!"

속으로 오만가지 험담을 다했다.

"그래, 누가 이런 곳을 좋다고 하겠는가! 내 힘으로 사람을 구하다니 무리였다 무리였어. 하나님이 때가 되면 좋은 동역자를 보내 주시겠지. 그래, 어디든 네가 부름 받은 그 곳에 가서 최선을 다하여 승리하여라!"

# 내가 어떻게 하겠소

꼬방동네 골목에서 참담한 현실을 맞닥뜨리면 가슴이 아프다. 사십도 안 됐을 남자가 병에 찌들어 휠체어에 앉아 세상 다 산 표정으로 무엇인가 해줄 수 있는 사람이나 만난 것처럼 내게 손을 흔들었다.

"나, 이 병 좀 낫게 할 수 없겠소?"

물끄러미 그의 발을 내려다 보니, 거짓말 좀 보태 발 하나가 내 허리통만하게 부풀어 올라 진물이 줄줄 세어 내리고 있었다. 찬찬히 다른 곳을 살펴보니 띵띵 부어오른 것은 발뿐만이 아니라 팔목, 손과 얼굴에서도 진물이 흘러 나오고 있었다.

"무슨 병입니까?"

병명을 모른 채 7, 8년을 이렇게 있다고 한다. 병원을 가보아도 별 뾰족한 수가 없단다. 순간 지독한 성병 종류가 아닐까 하는 생각이 스쳤다. 병이 무엇이 됐든 나를 바라보며 호소하고 있는 저 사람의 소원이 무엇일지는 누구나 알 수 있을 것이다.

"내가 어떻게 하겠소?"

"나도 모르겠소. 하지만 방법이 있을 것 같아서……."

말꼬리를 흐리는 그 모습이 한없이 안쓰럽고 불쌍하기만 하다. 이 사람의 마음속에 복음의 씨를 뿌려 소망이 있게 하는 것, 그것 말고 무슨 일을 할 수 있을까?

아무런 소망없이 처참한 운명에 질질 끌려가는 이 사람. 그가 믿음을 통해 능력의 주님을 의지해 광명의 빛이 임한다면, 새 소망을 얻으리라! 주께서 아들을 불쌍히 여기시고 그 마음을 열게 하셨나 보다.

"아들의 고통과 함께 하시는 주님! 내가 어떻게 해야 할지 가르쳐 주시는 주님, 당신의 피 묻은 손으로 아들을 어루만져 고치시옵소서! 나를 사망에서 생명으로 옮기신 주님! 어둔 그늘을 지나온 삶에게도 소망의 빛 비추소서! 내게 허락하신 모든 은총을 갑절로 그에게도 허락하소서."

# 교수

신학교에서 만나는 신학생들을 보노라면 자랑스럽기도 하지만 안쓰러운 마음이 더 크다. 낮에는 고달픈 일터에서 넉넉지 않은 생활을 지켜 나가고 지친 몸을 달래며 공부하고 있는 그들을 보면서 지난날의 나를 돌아보기도 하고, 새로운 출발을 위한 준비가 끝나는 기쁨의 날에 오늘의 이 고달픔과는 비교하지 못할 기쁨이 있을 것임을 이야기하며 서로를 격려한다.

육신의 병을 다루는 의사는 누구보다도 열심히 공부를 해야 하며, 어설픈 공부가 사람의 목숨을 잃게 할 수도 있음은 누구나 다 아는 사실이다. 하물며 영혼을 다루는 신학생은 그보다 더 열심히 공부를 해야 하는 것은 당연지사! 그것은 영원한 생사가 달린 것이기 때문이다.

물론 나 또한 그들과 더불어 배우고 있다. 학기가 시작될 때마다 나는 이곳에 그들과 함께 공부하기 위해 있음을 분명히 하고 넘어간다. 모국어가 아닌 포루투칼어로 이렇게 말하며 한바탕 웃고 강의를 시작한다.

'외국인인 내게는 전문용어 등 어려움이 있으니, 혹시 내가 틀리게 말하더라도 여러분은 똑바로 들어야 할 의무가 있다.'

이렇듯 언제나 화기애애한 분위기 속에서 이루어지는 강의는 세상이 줄 수 없는 행복을 맛보며 기쁨을 나누는 시간이다. 육신이 고달픈 그 시간에 우리는 세상 그 무엇과도 바꿀 수 없는 귀한 것으로 서로 나눈

다. 계시 속에 숨겨진 하나님의 오묘하신 섭리와 은혜에 감격하며 날마다 새 힘을 얻는 감사함이 있다.

때로는 늘 사용하던 단어가 머리속에서 싹 지워져 버려 생각이 나지 않아 당황할 때도 있다. 알고 있는 단어가 악센트가 엉뚱한 곳에서 떡 붙어 생각지도 못한 욕이 되어 튀어나와 버리기도 하는데, 그 황당함 앞에 명청히 서 있는 나를 향해 박수를 보내며 눈물까지 찔금거리며 웃어 댈 때는, '에라 나도 모르겠다' 요절하듯 웃어 젖히고는 학생들에게 정확한 발음을 교정 받는다. 그 순간 학생들은 모두 나의 교수님이 된다.

이럴 때마다 학생 교수님들이 노리끼리 하고 땅딸한 동양여자, 서투른 말과 부족한 것 투성인 이 사람을 얼마나 아끼고 사랑하는지 다시 한번 확인하게 된다. 나의 학생 교수님들은 만장일치로 나를 환영하며 받아주었다. 사랑하는 이 사람들에게 주의 은혜가 넘치기를 기원하며 더 좋은 것으로 나누기를 기원한다.

# 스승

　어머니가 세상을 떠나시고 사십이 넘어 갱년기를 바라볼 나이에 어머니의 사랑을 깨달았다고 한다면 사람들이 머리를 저으며 혀를 찰 것이다.

　이렇게 부끄러움을 당해야 할 자가 바로 여기 이 사람, 지지리 못난 사람이다. 어머니를 좋아하지 않은 것이 아니라 어머니의 고귀한 그 사랑이 무엇인지를 세월이 흐른 뒤에야 자식놈들을 바라보고 있으니 먼 길 떠나신 어머니가 생각이 나 눈물이 났다.

　대학을 졸업하는 청년 아들을 물끄러미 바라본다. 커다란 우유병을 혼자 붙들고 마시던 그 작고 앙증맞은 모습이 한없이 자랑스러웠던 지난날의 마음은 온데간데 없다. 제대로 먹여 주지 못한 미안함이 절절히 다가온다. 우유를 빨 때 이마에 맺혀 있던 땀방울처럼 아픔이 송알송알 솟아오름도 세월 다 지난 뒤 이제사 찾아오는 성숙인가 보다.

　형광등보다 느린 머리를 지닌 사람은 아니건만 최소한 언제나 버스가 지난 뒤 손을 드는 모자란 사람이라는 것을 확실히 알게 된 건 신학교 졸업식 때인 듯하다.

　은사에 대한 고마움을 늘 입버릇처럼 말하며, 자식들을 지도하시는 선생님들에게도 꼭 편지로라도 감사의 뜻을 전하고 싶다. 자식들에게는 존경하고 순종하라고 늘 가르쳐 왔건만, 제자들에 대한 사랑이 얼마나 깊은 것인지는 몰랐던 것이다.

아이들을 좋아하는 성격이 아닌 내가 주일학교 학생들을 가르치며 가졌던 많은 애착과 관심은 내게는 정말 신기한 변화였고, 그리스도께서 내 안에 계시기에 가능한 일이라고 생각이 들었다.

졸업식을 마친 신학생들이 '하나님의 축복이 당신과 함께 하기를 기원한다' 며 서로 껴안고 권면을 하였다. 푸들처럼 수염이 수북한 학생 볼을 함께 부빌 땐 눈물이 절로 나왔다.

신학교 졸업식에 축사를 준비하면서 그동안 고생한 학생들의 얼굴을 떠올리며 장하다 칭찬을 아끼지 않으면서도 웬지 전에 느끼지 못했던 감정이 북받쳐 올라왔다. 떠나보내는 섭섭함이, 자식 길러 먼 길 떠나보내는 부모의 마음 같은 것일까?

아무튼 지금까지 내가 가져 보지 못했던 섭섭함에 눈물이 났다. 내가 있기까지 땀과 수고를 아끼시지 않으셨던 수많은 은사들의 얼굴이 머릿속을 스쳐 지나간다. 안부 한번 전하지 못했어도 선생님의 따뜻한 가슴에 안기고 싶었다. 과연 살아계신 선생님은 몇분이나 될까?

"다 지나간 세월 문턱에 걸터앉아, 다시 보고픈 많은 분들께 철 지난 오늘에야 감사의 키스를 보내며, 주름이 없으셨던 지난날의 선생님의 모습을 떠올리고 있습니다."

# 이럴 때

　"주님, 오늘은 제가 어찌 할 바를 모르고 울었습니다. 이럴 때 주님은 어찌하시겠습니까? 눈물이 많은 게 제 연약함입니다. 내가 약할 때 늘 나와 함께 하신 주님, 오늘도 오시어 나에게 말씀하십시오. 주님, 사람을 죽여 강물에 던졌다고 합니다. 이럴 때 제가 어떻게 해야겠습니까?"

　밤마다 악몽에 시달려 살 길이 없다며 정신과의사를 구해 달라던 파리한 아주머니는 언제나 눈을 땅으로 내리깔고 순간순간 사방을 살피는 듯 불안해 하고 있다.

　아들마저 밤마다 시달리다 마약에 손을 대어 벌써 두 번이나 감옥을 다녀왔으니, 도와 달라며 하소연하던 꼬방동네 아주머니! 아주머니 입에서 나온 엄청난 이야기가 나를 울렸다. 그 말을 듣기 전까지 가장 좋은 의사이신 예수님을 소개한다며 복음을 제시하고 위로하며 다독거렸을 뿐인데…….

　아주머니가 내게 할 이야기가 있다고 했을 때만 해도, 나를 믿고 마음을 연다는 사실에 감사하며 잠잠히 바라보며 웃기만 했었다.

　"우리 집에서 사람을 죽였어요! 나와 동거하는 사람을 우리 집에서 죽였어요! 그 사람은 탈옥수였는데 동네 깡패들이 죽여 강물에 던졌어요! 경찰이 그 사람을 건져내 동네사람들에게 보이며 신원 확인을 했지만 아무도 본 적이 없는 사람이라고 했어요. 그렇지 않으면 죽인다고 했기 때문이에요. 나도 입을 다물지 않으면 죽을 겁니다."

사시나무 떨듯 떤다는 것이 바로 이런 것을 두고 하는 것일까? 달달 이빨을 부딪치며 낮은 소리로 이어가는 그녀의 이야기… 차라리 듣지 않았으면 좋았을 이야기를 들었다. 사람을 개처럼 패 죽여, 꼬방동네에 옆 흐르는 똥물에 쳐 넣고, 아무 일도 없었던 것처럼 태연히 살아가는 사람들의 세계!

죽음 앞에 모두 입을 다물고 부조리와 타협하며 살아가는 사람들. 목숨이 위태로워 누구와도 마음을 나눌 수 없는 가련한 사람들……. 할 말을 잃은 나는 그저 그녀를 꼭 안을 수밖에 없었다.

작고 가냘픈 그녀에겐 이 어두움이 견딜 수 없는 무게로 다가왔다. 나는 조용히 그곳을 걸어 나와 아무 말없이 웃기만 했다.

# 한 잔 하겠소?

쌀, 팥, 기름, 국수, 설탕, 옥수수 가루, 만조카(야생 고구마) 가루… 이 것저것 기초적인 것들을 담아 한 봉지에 10kg 정도하여 30봉지 만들었다.

부활절 초콜릿 선물도 받지 못할 아이들을 생각하며, 달걀보다 조금 더 커 볼품은 없지만 즐거운 마음에 무거운 것도 잊은 채 가져갔다.

한 개 더 받아 보려고 모자를 바꿔 쓰기도 하고, 급식표를 반으로 자르기도 한다. 눈 깜짝할 사이에 슬쩍하는 것쯤이야 언제나 겪는 일이라 이제 그리 신경이 쓰이지도 않는다.

기초식품은 절대 극빈자 가정부터 주도록 했다. 때를 거르는 사람들을 찾아 먼저 나누어 주기로 했는데 얼마 지나지 않아 "어떤 놈은 주고, 어떤 놈은 안 주느냐?" 소리 지르며 술 취한 남자가 건들건들 올라오더니, "야, 이년아! 네 년은 서방도 있고 어제도 밥 쳐 먹은 년이 왜 이런 것 받아 가냐?" 며 악다구니를 해대는 여자가 금방이라도 머리채를 잡고 싸울 것처럼 난리를 부렸다.

정말 당신이 어려우면 다음 주에 내가 꼭 가져다 줄 테니, 한 주만 기다려 달라고 해도 당장 가지고 가야 한다며 악을 쓰고 서 있었다. 사사가 땀을 뻘뻘 흘리며 싸움을 막고 있기는 하지만 사람이 할 노릇이 아닌 듯하였다.

그렇다고 굶고 앉아 있는 사람을 모른 체 둘 수도 없고, 조그만 것을 나누자니 늘 부족함 속에 살던 사람들이다 보니, 누가 굶어 죽든 말든 먼저 움켜쥐고 보자는 식이었던 것이다. 풍족한 가운데서 더 많이 가지겠다고 난리를 부리는 거라면 차라리 낫겠다.

나를 슬프게 하는 것은 공짜라면 싸워서라도 움켜쥐려는 그 마음만큼 일을 해서 소유하려는 욕심과 의욕이 있으면 하는 마음이다. 이런 마음이 그들에게는 없다. 술에 절어 코가 비뚤어져 너덜너덜 겨우 살아가는 이들… 비참한 삶을 악다구니와 함께 지지고 볶으며 풀어가고, 무엇을 어떻게 할 지 방향을 잃은 사람들이다. 언제일지 모르지만 변할 이들의 삶을 기대하며 오늘도 나는 이곳에 있다.

이런 내 마음을 아는지 모르는지 지쳐 돌아오는 나를 향하여, 병나발을 불고 골목에 쭈그리고 있던 아저씨, "어—허! 한 잔 하겠소?"

# 국제 한 번 하시오!

“이런 무정한 사람들이 있나?”

분명히 있다. 괘씸한 사람! 도매상에서 부활절 초콜릿을 구입하면서 조금이라도 저렴한 가격으로 사려고, 이것은 꼬방동네 어린이들이 먹을 것이니 좋은 가격에 해달라며 250개를 구입했다. 꼴이야 달걀보다 조금 큰 것이었지만 그래도 화려한 포장지에 예쁘게 포장되어 아이들을 위로할 만한 것이라 생각되어 마음만은 뿌듯했다.

하나 더 가지겠다고 아이들이 아우성이다. 집에 아이가 네 명이나 된다며 어떻게든지 더 가져가려는 그들 가운데서 땀을 뻘뻘 흘리며 나눠 주고 돌아가려는데, 울상이 된 아이 몇 명이 벌레가 가득한 초콜릿 봉지를 내게 보여 주었다.

어디서 썩어 버린 물건을 주워 와서 나누어 준 것처럼 얼굴이 뜨거워 숨고 싶은 심정이었다. 주위를 돌아보니 모두 내 얼굴만 살피고 서 있었다.

“괘씸한 사람들!”

자식들도 없나? 도대체 돈이 무엇이길래. 이 먹지 못할 것을 팔았을까? 가난한 아이들이라고 아무것이나 줘도 된다는 생각을 가졌나? 실수였거니 생각을 하려 해도 다리가 다 떨리도록 괘씸한 생각이 들었다. 봉지엔 유효기간 표시도 하지 않아 더욱 화가 났다.

“두고 보자. 당신들 임자 만났다. 내가 연중행사처럼 동네에다 던져 주고 돌아서 가는 사람인 줄 알았겠지. 그래서 그 이후에 어떤 일이 벌어졌는지 모를 것으로 알았나본데 아니다. 절대 아니다.”

울려는 아이들을 달래어 다른 것으로 주어 보낸 뒤, 봉지에 벌레가 도망가지 못하도록 꽁꽁 묶어 싸서 가방에 넣었다.

며칠 뒤 감정이 좀 가라 앉아서 도매상에 전화를 하였다.

“사장님! 구제 좀 하시지요. 꼬방동네 아이들을 위해서 당신이 과자를 좀 보내 줄 수 있겠소?”

“나는 그런 것 모르오!”

“어차피 하실 텐데, 자원하시면 더욱 좋을 것 같은데요.”

“쓸데없는 소리 하지 마시오! 상관없는 일이오.”

“할 수 없이 강제로 하시게 되겠네요.”

“귀찮게 그만 하시오. 나 시간 없소!”

“지금부터 제가 하는 이야기 잘 들어 주세요. 아주 중요한 이야기입니다.”

판자촌 아이들이라도 초콜릿과 함께 벌레까지 먹을 수는 없어서 이렇게 가지고 왔는데, 내가 이것을 어디로 가져가면 이 사람 망신 보상, 아이들 무시 보상, 식품 인체 유해 보상을 받을 수 있겠는지 알려 달라고 했다. 내 이야기를 듣더니 사장의 목소리가 달라졌다.

“내가 어떻게 하였으면 좋겠느냐?”

“네, 구제 한번 하시지요. 물론 자원하여 하셨으면 좋았을 텐데. 억지로라도 하십시오!”

무엇을 어떻게 하는 것이 구제인지 묻는 그에게, 초콜릿 금액 분량의 비스킷을 보내 달라고 부탁을 했다. 그는 타의에 의해서이긴 했지만 과자 열다섯 상자를 보내어 동참했다.

# 연분홍빛 장미

　꼬방동네 옆 빈터에 싣고 간 짐을 내리지 못해 자원봉사자 마르코스를 기다렸다. 관광버스 한 대가 멈춰 서더니 하얀 면 티셔츠를 입은 사람들이 한무더기 내렸다.

　리더인 듯한 덩치 좋은 사람이 열심히 무언가 설명을 하고 나더니 분홍빛 장미 여러 송이를 버스에서 내리는 사람들에게 하나씩 나누어 주었다. 그리고 여러 명씩 짝을 짓더니 판자촌을 향하여 장미를 들고 걸어 들어가려고 하는 것이었다.

　어느 교회 전도 팀이 오늘 이곳을 방문 했나보다. 감사한 마음에 다시 한 번 그들의 뒷모습을 보다가 'UNIVERSAL'이라는 교회 이름이 쓰여진 것이 보였다. 몇해 전부터 방송국을 사들이고 돈을 자루로 나르는 모습이 매스컴에 보도되면서 이단 교회로 주목되어 브라질 전역을 떠들썩하게 했던 교회다. 정확한 내막이야 다 알 수도 말할 수도 없지만, 일단 교회를 세우신 목사의 비리가 방송으로 드러났고, 헌금을 유도하는 방법 등이 거듭거듭 방송이 되는 계기로 그 교회를 들어가면 빈털털이가 되어 나온다는 소문이 났으니 짐작은 어느 정도 할 수 있었다.

　이런 가난한 사람들에게 저들이 원하는 것이 순수하고 진정한 복음이라면 얼마나 감사하고 기뻐할 일인가? 그렇다면 그 결실은 저 연분홍빛 장미보다 더 아름답고 향기로울 것이다. 하지만 방송에 나온 것처럼

목적한 바가 다른 것이라면 쥐꼬리만도 못한 이들의 수입마저 거두어 가
버릴까 걱정이 되었다.

아무쪼록 연분홍 빛 향기로운 열매를 맺어 주기를 바라고는 정신없이
이것저것 주어진 일들을 했다. 그리고 해가 뉘엿뉘엿 지는 것을 바라보
며 꼬방동네를 걸어 나오는데 문득 여기저기 버려진 장미들이 흩어져 있
는 것을 보고서야 그들이 생각이 났다.

주변을 돌아보니 훑어 버린 듯한 가냘픈 꽃잎들과, 짓밟혀 뭉개진 장
미송이들이 언제 그윽한 향기와 아름다운 꽃송이였는지 모르게 지저분
하게 널려 있었다. 상처 받고 짓밟힌 이곳 사람들의 모습을 보는 듯하여
가슴이 아팠다.

모두가 아름다운 사람들이었으리라. 험한 세상 속을 흘러가다 세상에
짓밟히고 삶에 찌들어, 이리저리 떠돌다 갈기갈기 찢어진 마음 너덜거리
며 이 바닥을 헤매고 있는 것이다.

무거운 세상 짐 한 겹 한 겹 벗어 가노라면, 가슴 어딘가 숨어 있을 장
미의 향기를 느낄 수 있으리라! 그 날이 속히 오기를 기다리며 오늘의 모
든 아픔을 참을 수 있기를 기원했다.

# 나잇살

　"가는 세월 그 누구가 잡을 수가 있나요. 흘러가는 시냇물을 막을 수가 있나요."

　문득 노랫말이 떠올랐다. 언제나 그 모습이라는 소리를 들어가며 정신없이 살아오다 잠시 멈추어 서서 나를 돌아보니 많은 것이 변한 것 같다.

　아침이면 눈밑이 수북이 부어올라 기름 덩어리가 들어 있는 듯하고, 아랫배가 뭉클 손에 잡히는 것이 중년부인의 모습으로 변해 가고 있는 듯하다. 언제나 똑같은 마음으로 세월보다 더 빨리 뛰어가려는 듯 콩닥콩닥 뛰어 다녔지만 이제 세월 앞에 지친 내 모습을 발견한다.

　그렇다고 어찌하랴! 인생사 굽이굽이 그 많은 일들 담담한 마음으로 받아 들여 아무 일 없는 것처럼 살아 왔는데 흰 머리 주름살 늘어남에 늙어감에도 익숙해지자.

　영구 사이즈일 것 같던 55 사이즈가 66으로 퍼져 넘어 가는 것도 나잇살 덕분일 테니 그것도 펑퍼짐한 마음으로 받아들이고, 미니스커트에 봐 줄만 한 다리도 이제는 샤넬로 가리워서 나이 값을 해야겠다. 기를 쓰고 다이어트를 하여 뱃살을 빼고 주글주글 남는 가죽은 대단한 의술로 모두 잘라 버린다 한들 먹은 나이까지야 어찌 할 도리가 없다. 죽도 못 먹은 휑한 얼굴을 하고 필사적으로 굶어가며 다이어트를 해서 얻고자 하는 것이 무엇일까? 세월 앞에 부질없는 일일 것을, 여자라면 누구나 젊음과 아름다움을 유지하고 싶은 욕심 앞에 한 번쯤 시도를 해 볼 것이다. 그러나 이제는 정신 건강을 위하여 더욱 충실하고, 내적 성숙함의 아름다움을 위하여 노력해야 함이 더욱 절실한 것이 아닐까?

울퉁불퉁 모난 것들이 이래저래 부딪히며 살아온 인생길에서 갈고 다듬어져 매끄럽고 고운 돌로 변하고, 둥글둥글 더불어 살아가는 것은 아마도 나잇살 때문일 것이다.

이제부터 더욱 사람답게 살아야겠지? 나잇살 먹은 사람답게 말이다. 기름덩어리 뭉쳐 두리뭉실할지라도 성숙함의 아름다움과 부드러운 마음, 펄펄 끓는 뜨거운 마음까지야 없을지언정 진종일 따스함이 남아 파고들게 하는 아랫목 같은 마음을 넉넉히 나눌 수 있도록 준비하며, 곱게 빗어 정돈된 은빛 머리의 고귀함을 배우리라!

# 멋진 교회

　꼬깃꼬깃 접어진 대학노트 한 장을 건네받고 땟국물이 잘잘 흐르는 종이를 펴보다가, 숫자가 부족한 누런 이를 드러내고 웃고 있는 사사의 얼굴을 자세히 올려 보았다. 세상을 다 가진듯한 만족함과 그 만족함이 베어 있었다. 나는 사사의 등을 두드려 주며 외쳤다.

　"정말 최고다! 야, 훌륭하고 멋지다!"

　왜 이러는지를 모르는 누군가가 본다면, "미친 인간들!"이라 하고도 남을 일이지만 최소한 나에게는 대단하고 귀한 일이기에 칭찬을 아낄 수 없고, 소리 질러 기뻐하지 않을 수가 없었다.

　연필로 침을 묻혀 가며 그린 듯한 그림… 작은 집 지붕 밑 십자가 옆에는 교회라고 적어 놓았다. 앞뒤로 그린 그림 중 앞의 것은 조감도 같은 것이고, 뒷면은 설계도인 듯 기둥이 몇 개이며 각 기둥의 크기와 기둥을 묻을 곳을 얼마나 파야 할 것인지가 그려져 있었다. 앞의 그

림을 찬찬히 살펴보니, 건물의 맨 아래쪽으로 홍수가 나면 똥물이 넘나들 수 있도록 물이 들어올 예상치 높이로 공간을 띄워 놓았고, 그 위에 출입문이 하나, 창문이 하나 있는 1층과 작은 창문 두 개에 아치형 창문 하나가 지붕 밑에 있는 2층, 그리고 아치형 창문 밑으로 십자가가 그려져 있는 것이다.

물론 자재는 모두 나무 널빤지로 그것도 오랜 세월 견디어 온 잿빛 판자들일 것이다. 입맛을 쩝쩝 다시며 할 수만 있다면 지붕만은 중고 슬레이트로 올리고 싶다는 것이 사사의 꿈이다. 그는 내게 아무것도 요구하지 않았다. 인력도 돈도 바라지 않고, 만족해하며 칭찬해 주기를 기다릴 뿐이다. 하나님께서 이 마음을 얼마나 귀히 보실까? 하루하루의 식탁마저 위협 받는 이들이 있는 힘을 다하여 교회를 짓겠다고 한다.

비록 작고 보잘것없는 판자일지언정 세상의 어떤 교회보다 더 귀하고 멋진 교회, 하나님을 기쁘시게 하고도 남을 만한 일이다. 이 멋진 교회의 청사진을 나의 노트에 잘 붙여 놓고, 두고두고 들여다보며 하나님을 기쁘시게 하는 아름다움을 배운다. 똥물 위에 피어날 한 송이 백합을 바라보며 백합의 그윽한 향기처럼 그리스도의 향기를 전하고 낮은 곳으로 임하시는 주님의 뒤를 따라 더욱 낮아지는 훈련을 하리라!

"주님! 판자를 줍는 데 어려움이 없도록 하시고, 중고 슬레이트를 구할 수 있도록 도와주시옵소서. 이 교회가 지어지는 모든 과정을 주께서 지켜주시어 감사가 넘치게 하시옵소서!"

# 대통령 사사

# 대통령 사사

　어디를 거쳐 여기까지 흘러들어 왔을까? 사사에게는 남들이 알지 못하는 곡절이 있을 것이다. 뛰어난 그림 솜씨, 수준 이상의 달필, 문장력을 본다면, 그가 결코 이런 판자촌에 넝마와 더불어 살아갈 사람이 아님을 누구나 단번에 알 수 있을 것이다. 고등교육을 받았을 것은 분명하고 특별한 사연이 없이는 이렇게 머무를 사람은 아닌 것 같았다.

　무엇이 저를 이리로 이끌었는지? 판자촌 식구들을 작은 등에 들쳐 메고 어디로 가겠다는 것인지, 매일 판자촌을 돌아보며 아이들 머리를 쓸어 주고 이 구멍 저 구멍 머리를 들이밀고 확인을 하고 다니며, 원수 같은 똥물이 철퍼덕 뒤집고 간 청승맞은 판자촌에 스펀지를 끌고 오는 것도 사사다. 때로는 맡길 곳 없는 어린 것들을 두고 일 나간 어느 집 아이들을 들쳐 안고 우유를 먹이고 재우느라 쩔쩔매기도 한다.

　그런 사사를 가만히 보고 있노라면 때로는 천진한 어린 아이 같기도 하고 때로는 소름이 끼칠 만큼 무서운 것들이 숨어 있기라도 한 것 같았다. 지난 이야기 같은 것은 불문에 붙인 듯 알려고 하지도 않고 알려 주지도 않는다. 그것이 익숙해져 있는 사람들에게 불쑥 물어 보기도 쉽지는 않다. 잘못 물어보았다가는 형사의 앞잡이 정도로 오해할 수도 있고, 개인적인 자존심에 상처를 입을 수도 있으며, 굳이 알아야 할 이유도 없기에 모두들 세월이 모든 것을 해결한다는 막연한 생각으로 살고 있다.

단 한 가지 종신형을 받고 탈옥한 죄수라 할지라도 그에게서는 사람 냄
새가 난다는 것이다. 속에 무엇이 있는지 볼 수 없지만, 이 꼬방동네를
들쳐 업고 있는 사사에게는 모양새 갖추어진 세상에서 볼 수 없는 밑바
닥 인생철학이 있다. 그의 삶에는 그만의 아름다운 이야기가 서려 있다.

# 나는 이런 사람이오!

햇볕 따가운 어느 날이었다. 잠시 꼬방동네를 들렀는데 내게 잠시만 기다리라며 말하고 사사는 남의 집 부엌으로 들어가더니, 찬장이라 할 것도 없는 나무 궤짝 위를 더듬어 누렇게 바랜 두툼한 봉투 하나를 내밀었다.

"차마 부끄러워 말로는 할 수 없어 이렇게 글로 적었으니 읽어 보시오!"

궁금증이 풀리는 날이 이렇게 찾아왔다. 봉투를 손에 받아들었을 때는 가슴 쿵쿵거리는 소리가 들리는 듯하였다. 이질감을 없애는 일차적인 작업이기는 했지만, 적당히 유지하던 거리가 갑자기 좁혀지는 불안감으로 느낌은 전과 사뭇 달랐다. 이런저런 상상으로 머리속이 복잡했지만 그도 잠시 뿐이었다. 그래, 살인자라면 어떻고 마약 판매책 두목이면 또 어쩌겠는가? 어차피 이곳에 들어올 때 성인을 찾아 온 것이 아니라, 버려진 이들과 함께 하고자 온 것인데……

진한 커피 한 잔을 앞에 두고 두툼한 봉투를 뜯었다. 노트를 찢어 너덜거리는 부분을 깨끗이 정리하고 파란색 볼펜으로 정성스럽게 써내려 간 글이 눈에 들어왔다. 앞뒤 가득 빼곡히 써내려 간 여섯 장의 글들을 읽기 전 다시 한번 사사의 모습이 어른거렸다.

"나는 이런 사람이오!"

이렇게 드러내고자 한 동기가 무엇일까? 무엇이 그의 마음을 움직여 이렇게 긴 글을 쓰게 했을까? 아무튼 그는, 어느 여름밤 별똥 떨어지듯 문득 나타난 꼬방동네 불청객 같은 나에게, 그의 오십 평생을 누렇게 포장하여 보내온 것이다.

# 편지 1 아날리스트

나는 '봘베또 레모스 다 실바', '조세 파비아노 다 실바'와 '봘다 레모스 다 실바' 사이에서 태어났습니다. 1952년 1월 31일생으로 고향은 산토스시 상파울루 주입니다. 아버지 조세는 얼마 전 세상을 떠나셨고, 어머니는 미나스 주의 사람으로 평범한 가정 주부였습니다.

나는 어린 시절 학교에서나 집에서나 모든 일에 열심을 다하였고, 초등학교 때부터 대학입시 때까지 언제나 1등을 하던 우등생이었습니다. 가난한 살림이었지만 부모님은 힘들게 노력하여 내게 필요한 모든 것을 항상 좋은 것들로 내게 주었고, 결코 부족한 것이 없게 하셨으며, 나는 공부와 선행으로 부모님께 보답했습니다.

대학입시를 전후해서 상파울루로 올라와 직장을 구해 금융 회사에 일을 했습니다. 1971년 입대하여 군생활 중 현재 주의원으로 활동하고 있는 나의 상관은 나에게 연방경찰이 되기를 권했지만, 이미 마켄지 대학에서 건축술을 공부하고 있었으므로 학업을 계속하기를 원했습니다.

그러나 내 월급과 부모님의 도움, 친지들의 물질적 도움을 합쳐도 객지에서 학업을 계속하기에는 부족했습니다. 결국 등록금을 내지 않는 상파울루 대학에 다시 시험을 봐서 입학하려 했지만 당시 21대 1의 대단한 경쟁력 말고도 부잣집 자식들과 특수층 자녀들만이 쉽게 들어갈 수 있는 환경에 좌절했습니다.

이때 아버지가 세상을 떠나신 지(1977년) 이미 8개월이 지난 터라, 집에는 돈이라고는 구경도 못할 형편이 되어 있었고, 가족과 동생들을 돌봐야 한다는 책임감으로 시달리고 있던 차에 큰 회사로부터 입사제의가 들어와, 학업을 포기하고 취직을 했습니다.

그후 큰 건설 현장을 오가며 일을 했습니다. 베네수엘라 외에도 여러 국가를 오가며 건설 예산을 맡았고, 마지막 직장인 지하철공사에서는 공사비 분석가, 즉 애널리스트로 일을 했습니다.

1981년에 결혼하여 1982년과 1984년에 '지에고' 와 '다니엘' 두 아들을 얻었는데 지금은 15살과 17살이 되었습니다.

1991년 미국 합병회사(CONSORCIO-LA LLOVIJANA)의 입사 제의를 받아 베네수엘라에서 일을 하기로 계약했습니다. 베네수엘라로 이주 결정을 하고 관광겸 가족들과 아마존과 호라이마 지역을 여행 하던 중, 교통사고로 네 명이 사망하게 되었는데, 그 중 한 명이 나의 아내였습니다.

상파울루로 돌아와 아이들을 당시 처녀였던 동생과 어머니에게 맡기고, 베네수엘라로 가서 계약 기간을 마치고 돌아왔지만, 나에게는 사고로 인한 깊은 아픔과 외로움 뿐이었습니다.

**편지 2**

# 하나님께서 무엇인가 보여 주리라!

　정신을 차리고 새로운 일자리를 찾으며 산토스의 어머니와 아이들이 있는 집으로 돌아가려고 했지만, 이미 동생은 결혼을 해 어머니 집에 살고 있었습니다. 작은 아들은 큰 아이와 떼어져 먼 친척 집으로 떠나보냈고, 무슨 이유인지 나를 받아 줄 수가 없다며, 그대로 배척을 당했지요.

　그때 이미 내 나이 41살(1993년). 취직하기에는 나이가 너무 많아 일자리를 구할 수가 없었습니다.

　그러던 어느 날 집으로 돌아갔는데 집은 텅 비어 있었습니다. 마치 나는 길바닥에 버려진 느낌이었습니다. 나중에 알게 된 일이지만 아이들은 학대 아동과 버려진 아동이란 명목 아래 아동보호소로(미성년자) 간 뒤였고, 나는 그 자리에서 경찰에 체포되었습니다.

　죄목은 '아동 성적 학대'. 자식들을 성적으로 학대했다는 것이지요. 이 문제는 산토스 제5경찰서에서 조사를 받고 증거 불충분으로 풀려났지요. 그런 일이 있은 뒤부터 사실이 어찌 되었건, 불행하게도 나는 친척집에 두었던 겉옷 하나 가지고 나오지 못한 채, 상파울루로 와서 친구집, 친척집을 전전하면서도 일자리를 구하려 많은 노력은 했지만모두 허사였습니다. 어디 한 곳에서 도움을 받을 곳이라고는 없는 상태에다 가족을 잃은 슬픔, 아내의 죽음에 대한 슬픔에 사무쳐 몸부림치다 결국 거리에서 살기로 했습니다.

하나님께서 무엇인가 보여 주실 것이라는 생각도 들었습니다. 비록 거리에서 살고 있었지만 하나님의 은혜로 목마르지도 배고프지도 않았고, 살인도 도둑질도 하지 않았습니다. 내 직계 가족이 내게 행한 배은망덕과 부당함을 수없이 돌이키며 생각해 보았습니다. 그들의 행동은 예상치도 못했습니다.

'하나님, 모든 것을 당신 손에 맡깁니다. 원하시는 대로 하십시오!'
이후로 거리에서 살면서 머릿속은 수많은 생각으로 터질 것만 같았스니다. 처자식도 없는 제게 지킬 수 있는 유일한 재산이란 신분증 하나뿐이었습니다.

# 편지 3 거리의 아버지

거리에서 살면서 나는 어느 순간부터 마약 중독자, 알코올 중독자, 동성연애자, 도둑, 창녀, 사기꾼, 부랑아, 버려진 사람들에게 거리의 아버지가 되어 정신적 지주로 상담을 시작했습니다.

모든 것을 잃고 자신마저 잃어버린 사람들. 거리의 천사들을 향한 곱지 않은 시선은 말할 것도 없고, 시청에서 쓸어 없애 버리기를 원하는 것 말고도 거리의 사람들끼리 아이들을 납치하고, 서로가 서로를 무기로 위협하며 물고 뜯고 싸우곤 했습니다.

그러던 어느 날, 시청 구역 담당자를 만나 버려진 이 사람들이 평화롭게 살 수 있는 공간을 마련해 줄 것을 간곡히 부탁했습니다. 그후, 시청에서 판자촌을 지을 수 있는 작은 공간을 개천 옆에다 내 주고, 트럭 두 대분의 나무와 약간의 못을 보내주어 판잣집을 지을 수 있도록 해 주었습니다. 그곳은 개천 옆 빈 땅으로 고양이와 들개들이 많아 지나는 사람들이 먹이를 던져 주고 가던 곳이라, 지금도 '고양이 판자촌'으로 불립니다.

오늘 나는 이 판자촌의 리더로 판자촌 식구들을 대표하고 있고, 아직 일자리를 구하지 못해 가슴이 아프긴 하지만 무척 행복합니다. 그것은 하나님을 향한 변치않는 내 믿음이 있고, 내 안의 넘치는 평화와 사랑이 물질적, 정신적, 영적인 것들과 아름다운 조화를 이루어가기 때문입니다. 하나님의 은혜에 감사합니다.

머리를 숙이고도 남을 만한 이야기다. 자신을 잃고 거리를 헤매는 가운데 무엇이 그로 하여금 버려진 이들을 돌보게 했을까? 신께 주어진 환경 속에서 감사한다는 내용을 몇 번이고 다시 읽으며 사사를 떠올려 보았다. 종교와는 전혀 무관할 것 같은 이 사람이 절박한 상황을 초월하여 절대자의 존재를 인정하고 경외하며 신뢰하고 감사하고 있는 것이다. 거리의 아버지를 통하여 이루시고자 하시는 하나님의 뜻이 계실 것이다. 그 뜻이 이루어지기를 소망하며 저를 위하여 기도하리라!

# 사사의 시

사사는 긴 편지들과 함께 제목 없는 네 편의 시를 내게 보냈다.

## 시—1

멀지 않은 곳에서
아름다운 꽃 한 송이 피어
장미의 향기를 풍긴다.
저 역시 꽃봉우리였더니
활짝 피었다 말라 죽으리
그 꽃이
무엇을 하려는지
어떤 연유에서인지
무엇이 되었든
중요하지 않으리
다만 자연과
이웃을 향한 사랑만이
뿌리를 내리리라!

성부 성자 성령은
거룩하신
삼위일체가 되시며
사랑, 평화가 조화된
아름다운 선물은
진정한 행복을 만든다.

도움을 청하고자
생각할 때,
주위를 돌아본다면
도와 줄 것들이
얼마나 많은지 보게 되리라
모든 것의 결과는
우리의 행위에 의하리라!

클라라!
당신 가슴에서
넘치는 그 사랑에는
감사하지 않겠소!
당신의 선한 행위를
지켜보기만 하겠소!
하나님께서
은혜를 베푸셨고,
그분이 판단하실 것이오!
당신께 부탁하는 것은
억제할 수 없는 이 짐승이
한 마리의 양이라면.
내게 길을 알려 주시오!

하나님의 잃어버린 양 한 마리,
그 양을 찾으시려 나를 보내셨던가?

내게 길을 알려 달라는 사사 당신은,
억제할 수 없는 짐승도 아니고
하나님의 잃어버린 양도 아닌,
사랑의 성자가 아닌가요?

말없이 당신은
내게 참다운 사랑의 모양과
그 위력을 보여 주며,
나를 가르치고 있습니다.

당신의 고통과 슬픔, 외로움을 즈려 안은 채,
웃음을 잃지 않고 이웃을 어루만지고 달래는 그 힘은
하늘에서 내리신 것이던가요?

더벅더벅 바쁘게 걸어 다니는 당신의 어깨 위에
이웃의 희로애락이 함께 지어져 있건만
당신은 그것을 버거워하지도 않고 웃기만 하였습니다.

이제 나는 당신을 조금 알 것 같습니다.
환한 당신의 미소 뒤에 숨은 외로움도 조금은 알 것 같습니다.
마지막 남은 조금의 양식마저 남의 손에 들려 주던 당신을
이제야 이해할 것 같습니다.

당신은 나의 스승이 되어
진정한 나눔과 사랑을 보여 주었습니다.
없는 것까지 나누며 살아가는 당신의 그 사랑은
결코 내가 다 배우지는 못 할 것입니다만
예수님으로 인하여
나도 나누는 자가 되기를 소원하며 살겠습니다.

# 빈 가슴

어둠이 스르르 내려앉는 을씨년스러운 초저녁 거리. 커브 길을 돌자마자 낯익은 뒷모습이 눈에 들어온다. 누군지 궁금하여 천천히 따라가며 살펴보았다.

세상을 포기한 듯 모든 희망을 잃어버린 듯 정처없이 그냥 걷고 있었다. 자신이 누군지조차 잃어버린 걸음걸이를 보고 있으려니 가슴이 내려앉는 듯했다.

텅 빈 가슴을 안고 어디를 가고 있을까? 힘없이 머리를 내리 깔고 따라 가고 강아지마저 쓸쓸하다. 가슴 저리게 하는 저 모습으로 다리 밑에 살다가 마음 약한 사사의 눈에 띄어 그의 부인으로 판자촌에 들어온 것일까?

작은 마음 하나 붙일 곳 없어 저리도 헤매이고 있는 것일까? 갑자기 내 가슴이 시려오고 외로움이 온몸을 휘 감는 듯하다. 단단하게 무장을 하고 세상을 헤쳐 나가는 내 속에 아무도 모를 외로움이 이따금 불쑥불쑥 머리를 내밀었다.

'주의 은혜를 덧입고 살아가는 자에게 무슨 외로움이냐?' 이렇게 물을 수 있겠지. 하지만 분명 나도 세상 사람들과 다를 바 없이 동일한 감정을 가진 사람이다. 다만 감출 수 있는 것을 다스릴 뿐이다. 목적 없이 걷고 있는 사사 부인의 모습이 내 가슴을 아프게 하며 숨겨진 나를 들추어내고 있다.

"어디가세요?"

"……"

"왜 그렇게 걸어가고 있습니까?"

"아, 저 그냥……"

"어두워지는데 집으로 가시지요. 사사가 기다릴 텐데."

"저녁 지을 쌀을 조금 구할까 하고요."

"어디서 쌀을 구하시려고요?"

"글쎄요……"

쌀을 구하려고 이리저리 걷고 있다고 한다. 내가 누구인지조차도 모르는 듯 그저 물끄러미 바라보기만 할 뿐이다.

며칠 전 보낸 구호 양식이 이미 다 없어졌느냐고 물어 봐도, 그 조차 기억에 없는지 머리만 가로젓더니, 천천히 가던 길을 다시 걷기 시작했다.

하늘만큼이나 클 것 같은 그녀의 빈 가슴을 무엇으로 채워 줄 수 있을까? 공허가 어둠 속을 설렁설렁 저어 가고 있는 것처럼 보인다. 누가 저 빈 가슴에게 따뜻함을 조금만 나누어 줄 순 없을까! 아주 조금만이라도…….

# 설움

촛불보다 여린 한 마디가
무한한 사랑의 따스함인 듯
울컥 억누르던 설움이 밀려와
눈물을 쏟아 붓습니다.

절절이 쏟아지는 눈물과 함께
홀로 설움 겨운 날 밤 지새며
육신이 사그라짐을 느낍니다.

애틋한 사랑은 아니더라도
연민의 정이라도 그립습니다.

빈 가슴 채울 순 없더라도
희미한 불 빛 만큼만으로
설움이 젖어들 것 같습니다.

# 배불뚝이

해질녘 골프장 풍경은 착 가라앉은 듯 고요하다. 가끔 혼자이고 싶을 때는 연녹색 잔디를 밟으며 작은 호수를 건너 칼립소, 소나무 우거진 언덕을 따라 걸어간다. 무성한 대나무 숲을 지날 때면 몸을 스쳐 휘익휘익 불어대는 바람 소리에 가슴을 쓸어내리곤 한다.

새들도 일찌감치 보금자리를 찾아 들어간 듯 보이질 않는다. 아직도 가을 하늘의 선명함이 깔끔하다. 파란 하늘과 햇살 고운 빛이 아름다운 5번 홀 언덕 위 고목나무 한 그루에 진달래 빛 고운 꽃이 가득 피웠다.

야자수, 대나무, 소나무, 칼립소… 이름도 모를 수많은 나무들이 각자 높은 키를 자랑하며 각자의 자리에서 푸르름을 품고 있는 가운데, 수백 년된 고목 검은 가지마다 단 한 개의 잎사귀도 없이 진달래 빛 고운 꽃만을 가득 피우고 서 있는 그 모습이 낯설기까지 하다.

이방인처럼 홀로 고운 빛을 발하며 서 있는 나무를 보며 왠지 모를 눈물이 고여 오고, 아름다움보다는 가여운 마음이 먼저 스며드는 것은 왜일까?

보잘 것 없는 검은 가지를 통해 저렇듯 아름다운 꽃을 피우며 비바람에 넘어지지 않고 꿋꿋이 자리를 지켜 다소곳이 서 있는 그 귀품은, 세파에 흔들리지 않고 묵묵히 살아가는 여인의 것인 양 지켜봐 주는 이 없는 비켜진 자리에서 자신을 피워 굳게 서 있다.

주르르 한 줄기 뜨거운 것이 흘러내리고, 알지 못할 설움이 가슴을 적신다. 보고 또 바라보며 타박타박 잔디밭을 걸어가는 발걸음조차, 시린 듯 저린 듯 아파온다. 하지만 네가 피운 꽃만큼 아름다운 이름은 네게 있겠지?

묵묵히 따라 걷는 캐디가 아무 생각 없이 무관심한 표정으로 대답한, 이름마저 서러운 배불룩이꽃… 꽃이 진자리에 배가 불룩한 열매가 맺힌다 하여 붙여진 이름인가?

가히 칭찬 받을 만한 그 아름다움과 고귀함에 어찌 고운 이름 하나마저 가질 수 없었더냐? 서러운 여인아! 너와 나의 슬픈 날을 돌아보는 듯하다.

# 슬픈 날

기대어 흐느낄 가슴이 없기에
한 방울 눈물마저 삼켜야 하는 날
슬픔이 파도처럼 달려듭니다.

오들오들 떨리는 가슴을 안고
숨어들 따뜻한 가슴이 없는 날
외로움이 해일처럼 출렁입니다.

이런 때 나는 지옥을 맛보며
피가 맺히도록 입술을 깨무는 날
바로 나의 가장 슬픈 날입니다.

# 희망 사항

# 흰 눈

　이상기온으로 기대하지 않았던 일들이 세상 곳곳에서 일어난다. 브라질도 예외가 아닌 듯 때로는 홍수로 사람들을 놀라게 한다. 가난으로 서러운 사람들이 홍수 피해까지 입어 힘든 날들을 보낸 것이 엊그제 일만이 아니다.

　가을이 지나 겨울로 접어들어야 할 브라질 날씨는 4월 중순이 되도록 한여름의 열기가 극성을 부리더니, 바로 며칠 전 기온이 뚝 떨어지는가 싶더니 남쪽에는 눈이 내렸다고 한다.

　몇년 전부터 눈이 내릴 조짐이 보이더니 올해는 일찌감치 시퍼런 나무들 위에다 온통 하얀 고물을 소복이 쏟아 부었다.

　낙엽이 진 후 앙상한 가지로 겨울을 맞이한 눈이 아니라, 한 여름의 푸른 자태에 눈이 퍼부어져 그 무게를 힘겨워 하는 나무들을 보면 웃지 않을 수 없었다.

　남미의 뜨거움에 온통 하얀 세계를 선물한 자연이 그저 고맙기만 하다. 동심으로 돌아가 잠시나마 기쁘기도 했지만, 갑작스런 추위에 얼어 죽은 자들이 있다는 뉴스는 우리들의 마음을 아프게 한다.

　영하의 추위가 어떤 것인지 모르는 거리의 형제들이 준비할 겨를도 없이 때 아닌 눈으로 죽음을 맞이한 것이다.

　눈 내리는 저녁의 포근함에 젖어 이리저리 떠돌아 다니다 떨어지는 기온에 사탕수수 까샤샤 독주로 몸을 데우고 밤을 지내야 했던 그들…….

죽은 자들의 이야기는 양념처럼 슬쩍 뿌리고는, 눈을 즐기는 관광객들과 익숙치 않은 솜씨로 엉성한 눈싸움을 벌이는 광경, 눈을 뭉쳐 머리에 올리고 다니는 우스운 모습들이 계속 보도되었다.

눈싸움 하면 우리 한국 사람만큼 야무지게 할 사람들도 없을 것이다. 우리의 문화 속에 깊이 자리잡고 있던 하얀 눈사람의 숯 검정 코와 소나무 수염… 한국 사람이면 누구나 익숙한 솜씨로 잘 만들어 낼 것이다. 낭만으로  다가오던 하얀 눈의 고움이 오늘은 싸늘하기만 하다. 저 눈이 다 녹아 젖어들 때까지 달달 떨며 움츠려들 형제들을 떠올리니, 제발 더는 내리지 말아 주었으면 하는 마음뿐이다. 차라리 펄펄 끓는 성탄절에 한바탕 눈을 뿌려 주워 시원한 성탄절을 맞을 수 있다면 하는 엉터리 꿈을 꾸어 본다.

# 화려한 은퇴식

　헤보싸 대로와 뻬드로조 대로가 만나는 코너 신호등. 두 다리를 절며 목발을 짚은, 행색이 아주 초라한 형제가 몇 년 동안 그곳을 지키고 서 있었다. 언제나 신호를 기다리는 차들을 향해 아주 슬픈 표정과 지친 걸음으로 다가가 손을 내밀어 구걸을 하는 것이 소위 그의 '직업' 이었다.

　'직업' 이라고 하는 이유는 그가 어느 날 톱뉴스 거리로 화제의 뉴스 시간에 등장하면서부터다. 그날 나는 입을 다물지 못했다. 마치 뒤통수를 얻어맞은 기분이 들었고 텔레비전을 보는 동안 배신감마저 들었다. 비가 오면 걱정이 되고 날씨가 차가워지기라도 하면 마음속에 떠오르던 그 사람이 아주 기가 막힌 저택에서 사는 부자라는 사실에 기가 막혀 아연실색을 하지 않을 수 없었다. 순진하기까지 한 나의 염려와 근심이 배신감에 젖은 것이다.

　늦은 아침, 각종 과일이 가득한 식탁에 앉아 시녀의 시중을 받아가며 과일 쥬스를 곁들인 아침 식사를 하고 나서야 비로소 그의 하루가 시작된다. 자가용을 이용해 헤보싸 대로 근처까지 출근을 하고, 그 곳에서 분장이 시작되는 것이다.

　깨끗한 옷을 벗고 낡아 헤어진 옷으로 갈아입은 뒤, 시커먼 땟국물로 얼굴을 칠 하고, 낡디 낡은 목발로 무장을 한 다음 멀쩡한 두 다리를 서글프게 절며 현장으로 걸어가는 것이다. 그곳은 분명 그의 연극무대였

다. 그의 기가 막힌 연기 앞에 사람들은 작은 동정마저 보내기를 주저하
지 않았던 것이다.

바보같이 순진한 관객들에게 건네는 그의 인사는 언제나 단 한 가지이다.

"신의 축복이 당신과 함께 하기를!"

"내일 만나기만 해 봐라. 너는 이제 죽었다."

아마 그 길을 지나다니던 많은 사람이 나와 같은 생각을 했을지도 모
른다. 아니면 배를 두들기며 웃어 넘겼을지도……. 아무튼 다음날 내가
눈에 불을 켜고 그 장소를 지났으나 그는 이미 보이지 않았다.

은퇴식조차 사람들을 놀리기에 충분할 만큼 기막히게 연출하여 텔레
비전을 통해 마지막 공연을 하는 치밀함까지 보여 주었고, 오랜 세월 함
께했던 관객들에게 고별인사를 멋있게 한 것이다.

"나 이렇게 잘 먹고 잘 살고 있으니 이제 다시는 나를 향한 측은한
눈빛과 아픈 마음은 잊어버려라!"

끝까지 완벽한 연기로 우리를 놀라게 한 너! 그래 어디를 가더라도 잘
살아라! 바람 불까, 비 올까, 겨울 올까 걱정하던 마음… 이제 편안히 잘
지내며 너를 잊어버리리라!

# 행복한 미소

이상한 배신감이 감도는 헤보싸 대로 코너에 키가 190센티나 될 만큼 훤칠하고 어깨가 떡 벌어진 사람이 모자 하나를 덜렁 쓰고 싱글벙글 웃고 서 있게 된 것은 배신자가 떠나고 난 한참 뒤였다.

'괘씸하다! 분명히 자리 값을 충분히 받아 챙기고도 남았을 놈이다. 행복에 넘치는 듯한 미소를 지우고 서 있는 이 사람의 연극은 어떤 것일까?'

이렇게 욕을 하면서 먼발치에서 그를 살피겠다며 힐끔 돌아보니 다리 하나가 보이지 않았다.

'가만! 어디다 숨길 수도 없을 텐데……'

유심히 살피니 대퇴부 바로 밑에서부터 다리가 뭉툭 잘라져 버리고 없었다.

'아니 이런, 실수다! 선입견 때문에 이 사람마저 미워할 뻔하다니……'

그날부터 그 길을 지나는 시간에 나는 정확히 그를 만났고, 언제부터인지 작은 것이라도 준비하여 창밖으로 내밀곤 했다. 이따금씩 신호가 미리 풀려 전할 수 없을 때면, 나는 차를 길옆에 세우고라도 전하고 가야만 마음이 편했다.

어쩌면 통행료를 지불하는 마음 같은 것이었는지도 모르지만, 그는 언제나 나를 기분 좋게 하고도 남을 만큼 싱글벙글 웃으며 큰 키를 목발에 의지하고 이 차 저 차를 향해 성큼성큼 옮겨 다녔다.

그런 그를 보며 내가 가진 것들이 너무 많다는 것을 깨달을 수 있었으며, 한 쪽 다리가 없는 그가 짓는 밝은 미소를 내가 지을 수 없는 것은, 나의 에고가 나를 짓누르고 있기 때문임을 느꼈다. 그는 다른 사람처럼 신의 축복도 운운하지 않았고, 고맙다는 인사도 하지 않았지만 언제나 함박 미소를 지으며 엄지손가락을 세워 내미는 것은 잊지 않았다.

토요일 막내와 학원가는 길이면 그의 몫을 챙겨 손에 쥐고 있다가 잊지 않고 전하는 것이 막내의 일이 되어가던 어느 날. 신호등이 풀려 어쩔 수 없이 차를 옆으로 세우고 작은 것을 전하려다가 나는 그가 벙어리인 것을 알았다. 무슨 일로 다리를 잃었는지 알 수 없지만 그는 분명 정상적인 성장을 한 것이 분명하다. 어느 한쪽으로 기울어지지도 않았고 틀어진 것도 없다. 한 순간 사고로 잃었을 다리… 그 다리를 잃고 탄식하고 좌절하고 비틀거리기에 충분할 만한 풍채가 그에게 있다. 없어진 송곳니 한 개 말고는 얼굴도 빠진 것이 없이 생겼다.

'얼마나 답답하고, 억울하고, 낙망하고 힘이 들까?'

이런 염려는 나의 생각일 뿐 항상 웃음을 잃지 않고 씩씩하게 팔을 내두르며 성큼성큼 돌아다닌다. 부족한 가운데서 누릴 줄 아는 삶을 배워야 할 것이다. 그가 보는 우리는 모두 다 가진 사람들일 것이다. 모두 다 가진 우리가 얼마나 삶을 기쁘게 살아가며, 소유함의 기쁨을 누리고 감사하고 있는지 한번쯤 돌아봄이 어떨까?

# 정말

　구호양식을 나눌 때마다 난처한 경우가 한두 번이 아니다. '정말'이라고 전제하고 말을 하기 때문이다. 그들의 '정말' 인즉 '절대' 받은 일이 없다는 것이다.

　지난주에 나눠 줄 때 분명 남의 판잣집 번호를 슬쩍 대고 타가지고 가는 것을 보고 표시까지 해 두었는데 구경도 못했다며 '정말'을 믿지 않으면 어떡 하냐며 고래고래 소리를 지르는 것이다. 본 사람이 많아 이구동성으로 '당신 지난번에 받아 가는 것 봤다'고 얘기해 봐야 절대 잘못 본 것이지 자기는 구호 양식을 나누는 것조차 들은 일이 없다며 꼭 받아 가야겠다며 버티고 서 있다.

　명단에서 그의 이름을 꼭 찍어 내어 보여주면, 얼굴색 하나 변하지 않고 말한다.

　"아, 이럴 수가! 내가 아닌데… 어떤 죽일 놈이 내 이름으로!"

　"그 죽일 놈이 분명히 당신이었소! 당신이 남의 집 번지를 주기에 내가 여기에 이렇게 표시해 두었소!"

　언제나 같은 일을 돌아가며 반복을 하는 것이다. 한 달에 한 번 구호 양식의 차례가 올 것이고, 그날이 되면 틀림없이 당신 것을 가져다 줄 테니 기다리라고 해 봐도 소용이 없다.

　'혹시 받으러 오지 않아서 남은 것은 없느냐?'

별별 구실을 '정말'로 들이대며 한 번 더 받아 가길 원하는 사람들의 얼굴이 낯익은 뒤부터는 판잣집 번호를 엉터리로 둘러대든 즉석에서 작명한 이름을 둘러대 다시 물으면 우물우물 얼버무리든 이제는 '정말' 그가 누구인지 나는 안다.

한번은 지난 주 고래고래 고함을 지르고 난리를 피우던 후벵스 씨가 지난주 '정말' 죽을 죄를 지었다며 정중히 사과를 하며 흔들흔들 머리를 숙일 때 오늘은 무엇으로 또 힘들게 하려나 하고 기다리니, 배가 고파 소리를 지를 힘도 없다며 구호 양식을 달라는 것이다. 둘이서 한 달을 족히 먹을 양식을 어디다 처분을 하고 비굴할 만큼 굽실거리고 있는 것이다.

"후벵스 씨. 그 양식들 뻥가(사탕수수 술)하고 바꿔 마셨습니까?"

"아이고, 무슨 그런 억울하게 마른 하늘에 벼락 맞을 소리를… 나는 그런 것 절대 안 마십니다."

"지금 풀풀 나는 이 냄새는 무슨 냄새입니까? 이 냄새만으로도 나는 취해서 빙글빙글 돌아갈 것 같소!"

"못 먹고 굶어 속이 비틀어져서 나는 냄새요. 정말이요!"

"아이구, 제발 정신 차리고 당신 하나라도 추스리고 사세요. 왜 이러세요?"

"왜 이러는지 나도 모르겠소! 그래서 한 잔 걸쳤소!"

이들이 모여 사는 곳에서는 자식 슬리퍼도 뻥가로 바뀌고, 마누라 양식이야 말할 것도 없고, 냄비 쪼가리도 뻥가로 바꿔 목을 타고 넘어간다.

어릴 적 우리네가 냄비 뚜껑, 고무신 짝, 엿 바꿔 먹던 것보다 더 쉽게 바꿔 마셔 버리는 것이다.

그리고는 술에 절어 하루 종일 '정말'을 입에 달고 거짓말을 '정말' 같이 하며 술을 구할 수 있는 일이라면 무슨 일도 마다하지 않는 것이다. 술의 노예가 되어 술이 하자는 대로 꼬부려져 흘러가는 그 입술에 '정말'이라는 단어는 언제나 흘러넘친다.

# 헌 책

　오래 전 읽은 신문의 작은 꽁트란에서 '헌책과 마누라를 바꾼다' 라는 기사를 읽은 적이 있었다. 그때는 나는 한 없이 웃었다. 헌책만큼도 가치가 없을 만한 여편네의 얼굴을 떠올려 가며 죽어라 웃어 제꼈고, 세월이 지난 지금도 이따금 그 생각을 하며 혼자 웃지만, 지금은 헌책도 헌책 나름이라는 생각도 이따금 한다.

　세상에는 얼마나 귀한 책들이 많은가? 구할 수 없이 귀한 것들이 많이 있으니 '지긋지긋한 마누라를 귀한 책과 바꾸는 것도 그리 나쁜 흥정은 아니겠지!' 하고 웃는다. '나도 잘못 늙어 가다가는 헌책하고 바꿔질 운명이 될지도 모르니 잘 하고 살자!' 하며 낄낄대고 웃은 적도 있다.

　그런데 헌책 같은 것 없이도 마누라를 바꿔 치우는 판자촌의 남자들을 보고 경악을 금치 못하였다. 엊그제까지 에우자 남편이 이제는 마리아 남편이 되어 버젓이 걸어다니고 에우자가 지나가면 '내 옛날 처' 라고 당당히 이야기를 하는 것이다.

　한국사람 사고로는 도저히 상상이 가지 않지만 이 사람들은 그렇게 같은 골목에 집을 바꾸어 살아가고 있다. 그러면서도 아이들은 돼지 새끼 낳듯 한 해도 거르지 않고 꼬박꼬박 낳아대고 있으니, 그 많은 아이들을 무슨 재간으로 양육을 하겠는가.

　날씨가 서늘하여 옷을 껴입고 싶은 요즘 같은 날 벌거벗은 아이가 맨

발로 절벅절벅 돌아다니고 절절 흐르는 콧물 때문에 벌겋게 코밑이 헐었
건만 어째서 그 모습을 동네 개 보듯 하는 것인지 도대체 알 수가 없다.

만삭이 된 옛날 부인 배가 민망하게 몇달 전 만난 현재의 부인도 배가
수북하게 솟아오른다. 골목에 넘쳐나는 것이 아이들이다.

배고픔에 시달린 멀건 눈동자의 아이들을 대책 없이 길바닥에 버려
둔 채, 이 집 저 집 옮겨다니며 살아가는 이 사람들의 무지를 어떻게 풀
어 나가야 할 지 나의 큰 숙제이다.

차라리 마누라가 지겨워 헌책과 바꿔 보고자는 꽁트를 하는 것이 정
말 재미있고 멋이 있다는 생각이 든다. 조금만 교육을 받았더라도, 조금
만 눈을 떴어도 이렇게 살지는 않았겠지. 우민 정책의 소산으로 이해하
기에는 안타깝기 그지없다.

"조금씩 깨우쳐 보리라. 내가 할 수 있는 만큼 해 보리라! 내게 이런
일을 보이시는 주께서 남은 일을 하시리라!"

# 맛있는 피

　멋있게 머리를 깎아달라는 삼십 대 중반의 건장한 남자 머리를 깎다 보니 여기 저기 까만 점들이 보인다. 가만히 들여다보니 이들이 여기 저기 박혀 떨어지지 않았다. 멋이고 뭐고 박박 밀기로 하고 쓱쓱 밀어나가는데, 머리가 떨어져 나가는 곳마다 까만 것들이 여기 저기 박혀 있었다. 가려워 어떻게 견디었는지 소름이 끼칠 정도다.

　웬만한 사람 머리의 이는 머리를 밀면 떨어져 나가건만 이 사람의 것들은 짧게 밀은 머리털 밖으로 몸둥이 반은 모두 내어놓은 채 머리를 팍 쳐 박고 떨어질 생각을 하지 않고 거머리처럼 붙어 있었다.

　집에 가서 감으면 되겠지만 절대로 감을 것 같지가 않아, 본격적인 이 사냥을 위하여 기계를 내려놓고 한 마리 한 마리 손으로 잡기 시작했다.

　머리를 내맡기고는 시원한지 꾸벅꾸벅 졸기까지 하는 이 화상은 대체 왜 이렇게 많은 이를 양육했는지 알 수가 없다. 생긴 것도 이만 하면 미남이요, 체격 또한 아주 좋아서 뭣하나 빠지는데 없는 멀쩡한 남자가 저 하나 추스리기도 힘이 들었는지, 이 모양을 하고 머리를 맡기고 있으니 한숨이 절로 나온다.

　씌워놓은 가운에도 이가 돌아다니고, 하얀 운동화에도 기를 쓰고 등산하는 이가 보인다. 온몸이 수물수물 근질근질 몸속이 온통 이 투성이가 된 듯하다.

"여보시오! 이렇게 많은 이와 함께 어떻게 살 수 있었오? 다음부터는 매일 머리를 감고 이가 생기지 않도록 조심해서 머리 깎는 기계가 피 보는 일이 없도록 하세요."

"그것들도 산 것들이니 빌붙어서라도 살아야 할 것 아니오! 모르긴 해도 내 피가 달고 아주 맛이 좋은 것인가 보오!"

덧붙여 한 마디 더 한 것은 가렵지도 않다는 것이다. 이와 더불어 살아가다 보니 가려움도 만성이 되어 느끼지 못하는 것 같다.

# 보냈소!

전화를 하겠다던 판자촌의 대통령 사사는 무슨 일이 있는지 일주일 동안 전화도 없었다. 주일날 만난 사사의 얼굴은 다른 날과 다를 바가 없이 싱글벙글 하였으나 조금은 피곤해 보였다.

나 또한 개인적으로 크고 작은 일들이 겹쳐 깊은 관심을 가지고 돌아보지 못한 채 그저 말씀을 전하고 묵묵히 머리를 깎고 있었다. 구호 양식을 나누는 일을 마치고 이발 도구 가방을 정리하고 있자니, 사사의 어정쩡한 모습이 눈에 들어왔다.

"무슨 일이 있었소? 어째 전화를 하지 않았소?"

지나가는 이야기처럼 물어보며 이것저것 정리하는 내게 잠시 할 이야기가 있다며 조용히 부르는 것이다.

"휴-우! 이번 주에 또 한 명을 보냈소!"

이해할 수가 없어 가만히 있었더니 그가 말을 계속 이었다.

"죽였다는 말이오!"

청년 한 명을 마약 값으로 죽였다는 것이다. 마약과 살인은 떼어 놓을 수 없는 단어처럼 붙어 다니고, 이웃집 나들이 보내듯 또 한 생명을 영원한 곳으로 아주 보냈다는 것이다. 그래서 경찰서에 불려 다니느라 정신이 없어서 전화도 못했다고 한다. 사사의 초췌한 얼굴이 측은하기 짝이 없다. 이 사람 뒤에 보이지 않는 숨은 세력이 이 사람을 움직이고 있는 것이다.

그 숨은 세력은 '아주 보내야 할 자!'라 판단이 서면 이 꼬방동네로 끌고 와서 한 생명을 영원한 곳으로 떠나보내는 작업을 하고, 그때마다 이곳 주민을 대표한 사사와 주민들은 필요한 증언 외에는 입을 다물어야 하는 것이다.

"어떻게 하여야 할 것 같소!"

"말씀을 전해 주시오! 그것만이 방법이오!"

하나님의 음성을 사사를 통하여 듣는 듯하였다. 보이지 않는 힘을 감당할 만한 힘은 내게 없다. 하지만 애초부터 이곳에 당당히 들어 올 수 있었던 것은 예수의 놀라운 이름으로 인함이었으니, 그 이름으로 인해 보내는 자도 떠나는 자도 없어지게 되리라!

처음 이곳에 일을 시작한 그날부터 내 가방만은 절대 다른 사람 손에 들려 보내지 않는 사사, 오늘도 가방을 둘러메고 앞서 걸어가고 있다.

'저렇게 이곳 주민 1300여 명을 어깨에 둘러매고 가는 걸까? 아니면 보내는 자의 자리에서, 하나씩 떠나보내는 일에 일조를 하고 있는 것일까? 그렇다면 왜 그가 내게 입을 열고 있는 것일까?'

좀 더 시간이 지나면 정확한 것을 알 수 있으리라. 하지만 중요한 것은 저들을 변화시키는 일이다. 사사의 입에서 복음이 필요하다고 했으니, 내가 할 일은 복음을 제시하는 일이다. 어쩌면 사사 자신도 영적 갈급함 앞에 목말라 하고 있는지도 모를 일이며, 주께서 나를 이곳으로 보냄이 저를 위함인지도 모를 일이다.

# 잎새 사랑

　가로수로 쓰이는 사철나무를 아주 작은 난쟁이로 만들어 고목나무 품위를 그대로 유지하게 만든 분재들을 볼 때마다 시간이 조금만 나면 나도 한 번 시도해 보리라 생각을 했지만, 남는 시간은 없는 내게 그날은 결코 오지 않을 듯했다.

　사무실 근처 길을 걷다 커다란 건물 벽 사이에 뿌리를 박고 살고 있는 가엾은 사철나무를 만나는 순간, 나는 절로 그 뿌리를 손에 뽑아 들고 말았다.

　빗물 외에는 물 구경도 하지 못할 시멘트 벽의 틈을 비집고, 파란 잎의 몸뚱아리를 내밀고 악착 같이 붙어 살아 있음을 보여 주고 있는 강인함과 뽑아도 뽑아도 남은 뿌리는 싹을 밀어내어 파란 잎을 피운다는 끊임없는 집념 앞에 감탄이 절로 나왔다.

　사철나무가 원하는 것인지는 모르지만, 이보다 좀 더 나은 환경을 만들어 주리라는 다짐과 함께 작은 화분을 마련해 나무를 심고, 한 번도 해보지 못한 분재를 시작했다.

　시간이 지나면서 나무가 뿌리를 내리고 생기를 찾기 시작했다. 작은 잎새들이 머리를 내밀기 시작할 때, 그 아름다움과 신기함에 빠져 들다 문득 이 작은 즐거움을 나누고 싶은 생각이 들었다.

　작은 화분을 여러 개를 준비해 뽑아온 작은 뿌리들을 정성 들여 예쁘게 장식하고 물을 주어 뿌리가 내리도록 했다.

제일 먼저 준비된 것은 오랫동안 그림자처럼 나를 도왔던 나의 개인 비서에게 주었고, 유대인 친구 욕쟁이 야곱에게도 하나, 주위의 사랑하는 사람들에게 하나씩 나의 작은 잎새 사랑을 나누기 시작했다.

불쑥 내미는 제목 없는 선물 앞에 의아해 하기도 하지만, 그들의 환한 미소는 새로 나온 잎새보다 곱고 아름답다. 오늘도 나는 창가에 놓인 한 달 전 심어 놓은 화분에서 작은 잎새를 내밀어 인사하는 작고 연한 잎이 너무 귀엽고 아름다워 '아, 드디어!' 감탄을 하며 때 아닌 선물을 받고 기뻐할 나의 좋은 친구 하나를 머리에 떠올린다.

# 희망 사항

하나님의 뜻과 일치하는 것인지는 모르지만, 나는 분명한 나의 희망사항이 하나 있다. 그것은 행려자들이 목욕을 하고 쉴 수 있는 공간을 만들어 빨래까지 할 수 있는 시설을 갖추는 것이다.

일단 행려자가 시설에 들어오면 입고 있는 옷을 벗고 샤워와 이발을 하게 하고, 정해진 시간에 성경공부반에 들어가서 공부를 하는 동안 옷을 빨아 말려 주고, 식사를 할 수 있도록 하며, 성경공부반을 졸업하는 자에게는 일자리를 구해 주는 것과 기술을 배울 수 있도록 하는 것이다.

그날이 언제일지는 모르지만 이런 희망을 가지고 훈련이라 생각하며 행려자들을 만나고 빈민가를 드나들며 나를 준비하고 있는 것이다. 물론 하나님께서 원하시는 바는 나의 희망 사항과 상관없이 전혀 다른 방향일 수도 있을 것이다. 그렇기에 하나님의 뜻에 귀를 기울이는 것도 게을리하지 않는다.

하지만 한 여자의 몸으로 유독 행려자들에게 눈을 돌리게 하고, 그들과 더불어 나눌 수 있게 하심이 하나님의 은혜일진대 그들을 위한 더 좋은 섭리가 주께 계실 것임은 확실한 사실이기에 나는 그때를 기다리며 나의 희망 사항을 포기하지 않는 것이다.

나의 모자라는 생각에다 하나님의 확실한 계획하심을 더 하시어 나를 인도하실 것으로 믿고 있다. 그들을 위하여 많은 것을 하지 못하더라도 그들이 의지하고 마음을 열 수 있는 좋은 친구가 되기 위해 노력하고, 그들을 위해 기도하며 하나님의 도우심을 구하는 것이다.

"어이, 도나 클라라! 그동안 평안했소?"

술독에 빠져 허우적거리며 해롱해롱 한 눈을 뜨고는 헐렁한 팔을 공중에 흔드는 사람들이 웃으며 보내는 인사를 반가이 맞아 줄 한 사람이 있다는 것도 그들에게는 적잖은 위안이 되는 것이었는지 길에 엎어져 자다가도 실눈에 비치는 나를 향해 기운 없는 팔을 저어가며 인사를 한다. 이런 형제들을 위한 희망을 어떻게 버릴 수 있단 말인가? 세상이 나를 조롱하고 버린다 해도 이들을 향한 나의 희망은 버리지 않으리라!

# 최선

나는 대충이라는 것을 정말 싫어한다. 그렇다고 내가 완벽하다는 것은 아니다. 완벽하려고 노력하다 지친 어느 날 불완전한 '나' 라는 한 인간을 발견하고 엄청난 실망을 한 적도 있었지만, 하나님을 만난 그날부터는 완벽을 위함이 아닌, 주어진 여건에서 최선을 다하는 것임을 알게 되었다.

자녀들에게도 최고를 위한 것이 아니라 최선을 위한 삶을 살아 달라고 부탁하고 함께 노력하며 살아가고 있는 나는 '대충' 이라는 것과 타협을 하지 않는 편이다.

잘못 그린 그림이더라도 최선을 다한 것은 그림속의 정성을 바라 볼 수 있듯이, 인생사 또한 마지막까지 열심히 최선을 다해야 할 것이라는 것이 내 생각이다 보니, 대충 하루를 보내고, 그저 그렇게 내일을 맞이하고, 약속은 지켜도 되고 안 지켜도 되며, 책임감이 없어도 상관없는 사람들에게서는 답답함을 느끼게 되고, 증세가 조금 심하면 짜증스럽기까지 하다. 이 '대충' 이라는 병은 대단한 고질병 모양을 하고 사람 속에 들어앉아서 바람 부는 대로 물결 흐르는 대로 사람들을 끌고 가는 모양이다.

'바람아 불어라! 세월아 흘러라! 나는 알 바 없다.'

이처럼 세월을 떠나보내게 하니 말이다. 일이야 대충에 넘어가 설렁설렁 넘긴다 치더라도, 한 번밖에 없는 인생을 대충 살아 없앤다니 말이 되느냐는 것이다. 오십 고개를 넘는 대충 인생을 바라보며 '왜 사니!' 가 절로 나온다. 하지만 그를 위해서도 주께서 돌아가셨음을 생각한다면 할 말이 하나도 없는 것은 사실이다.

'아무 유익함이 없는 인생도 존재의 이유가 있기에 존재하는 것이겠지!'

생각을 하노라면 그럴 수도 있다 하겠지만, 그런 사람을 보며 살아야 하는 가족들은 얼마나 마음고생을 하며 살아 갈까 염려가 된다.

많은 것이 아니더라도 자신을 위해, 가족을 위해, 내 이웃을 위해 할 수 있는 것을 찾아 할 수 있는 범주에서 최선을 다하며, 하루하루를 마감할 때 후회할 것이 없는 삶! 작은 일이나마 땀 흘려 수고한 뒤의 성취감을 맛보며, 오늘도 열심히 살 수 있음에 감사할 수 있는 삶을 살아간다면 누가 보아도 아름다운 삶이라 할 수 있을 것이다.

# 소중한 것

# 소중한 것

　오늘은 루벵스 씨의 눈이 휙 돌아버린 날인가 보다. 커다란 육신을 붙들기도 힘에 겨운 듯 흔들의자처럼 앞뒤로 흔들거리며 서 있는 그의 표정이 다른 날과는 달리 아주 섬짓하기까지 했다.

　오늘은 술독에 빠진 것이 아니라 흰 가루약을 들이 마신 것 같다. 이승과 저승을 왕래하는 건지 눈이 떠졌는가 하면 스르르 풀어지며 하염없이 바라보고 서 있다.

　어쩌다 마약의 유혹에 한번 말려들어 영영 벗어나지 못한 채, 영육을 송두리째 망가뜨리고 빠져 나올 수 없는 늪에 빠져 허우적거릴 힘마저도 남지 않은 상태에서 죽음을 기다리고 있는가 보다.

　순간의 유혹을 뿌리치지 못하고 육신의 정욕을 따라 잘못 들어선 길에서 이생의 모든 것을 잃고, 영생의 길마저 찾아갈 수 없도록 정신까지 망가진 상태에서 자신이 누구인지조차 잃어버린 채 서 있다.

　저 악마의 하얀 가루약을 손에 넣으려고 오늘은 무슨 일을 했을까? 이제는 하얀 가루약을 들여 마신 몽롱함도 없어지고, 정신도 육신도 간 곳 없이 고통 그 자체만 남아 있는 것일까?

　마약같이 무서운 것들이 이 세상에는 지천으로 널려 있다. 우리를 영원한 죽음으로 이끌어 갈 많은 것들이 육신의 정욕을 통해 우리를 미혹하고 있다. 순간의 유혹을 이기지 못해 다가올 결과에 대하여는 생각해 볼 여지도 없이 빠져 들어 모든 것을 잃는 인간의 어리석음… 나와 상관 없는 먼 나라 남의 이야기 정도로 들릴 뿐 마음에 직접 와 닿지 않았던 것일까?

가난하고 고달픈 삶에 찌들고 희망도 보이지 않는 삶에 지쳐 아무 미련도 없이 자신을 포기하는 사람들. 비록 밑바닥을 헤매는 삶이라 하지만 저렇듯 마구 내어 던져 버리기에는 너무도 소중한 것이 생명이 아닌가?

며칠 전 신문은 이런 사람이 모인 곳을 '우범지역' 이라기보다' '지옥' 이라고 표현했다. 초점 잃은 눈빛은 살아 있는 시체와 흡사하고 영화 속의 공상 인물처럼 행동을 하고, 마약을 한 번 더 사용하는 것이 목적이 되어 언어도 자신들만이 사용하는 언어를 사용하며 외계인처럼 행동한단다.

이제는 하얀 가루도 시원치 않아 크랙이라는 것이 온통 퍼져 극성을 부린다. 다른 마약과는 달리 허파에서 뇌로 직접 전달되기 때문에 사람들을 더 빨리 환상으로 밀어 넣는다는 것이다.

산산이 조각난 삶과, 없는 것 투성이인 저들에게는 모든 것이 절박하다. 그렇다 해도 조금만 더 자신을 소중히 여길 줄 안다면 아무리 현실이 비참하고 처절하다 해도 저렇듯 쉽게 모든 것을 포기해 버리고 환각의 늪을 헤매며 삶의 낙을 찾으려 하지는 않을 것이다.

남들이 볼 때 아무 문제도 없고 걱정이 없을 것 같은 삶이라 해도 살아 가노라면 정말 답답한 일을 당할 때도 많고, 이제는 끝인가 싶을 만큼 어려운 일들도 많다지만, 그 모든 것들 또한 지나가 버리는 것도 사실이다.

현실을 도피하는 것보다는 담담히 받아들일 줄 아는 지혜, 어려움을 통해 소중한 것을 얻을 줄 아는 지혜, 모든 문제들보다 더 소중한 것이 하나님의 형상을 입은 자신임을 아는 지혜, 이런 것들이 진정 우리가 바라고 구해야 하는 것들일 것이다.

"루벵스 씨! 집으로 돌아가세요. 조금 눈을 붙이고 나오세요. 당신은 내게 말하고 있습니다. '내가 무엇을 해 주길 바라는지 당신은 알고 있다'고. 하지만 나는 오늘 아무것도 당신에게 해 줄 수가 없습니다. 이 저녁 기도 시간에 당신을 기억하고, 당신을 위해 주님의 도우심을 구하는 것 말고는요."

밤바람일랑 불지 말아라
어두운 밤 되거든
홀로 네 소리 듣노라면
시린 가슴 부여안고
밤새 눈물 흘린다.

밤비랑 내리지 말아라
어두운 밤 되거든
너 내려 않는 소리에
내 마음도 내려 앉아
설움 겨워 밤 지샌다.


　언제나 바쁘고 당당하게 웃고 다니는 나에게 사람들은 외로움이 있을 것이라고는 생각지도 않는 것 같다. 늘 아무 일도 없는 것처럼 내 자리를 지키고, 내가 있어야 할 곳에는 정확한 시간과 날짜에 있기 때문에 더욱 그렇게 생각했는지도 모른다.

　하지만 바쁘게 돌아가는 나의 일정을 마치고 하나님과의 대화가 끝나면 나를 기다려 맞이하는 것이 외로움이다. 때로는 술렁이며 달려들기도 하고 때로는 촉촉이 젖어 내리기도 하는 외로움은 내게 많은 것을 선물

했다. 그중 하나는 혼자 삭이던 외로움들이 출구를 찾아 밀려 나올 때 쓸 줄 모르는 글귀가 떠오르곤 하여, 어줍지 않은 글로 알지 못하는 누군가에게 하소연을 하는 것이다.

내 외로움의 소산인 글들을 많은 시간이 지난 후 다시 읽어 보노라면, 내게는 좀 더 정확히 나를 돌아보는 기회가 되고, 나의 하는 일상의 일들을 이해 해 줄 사람도 없고, 격려해 주는 사람도, 울어 줄 사람도, 함께 나눌 사람도, 칭찬해 줄 사람은 더더구나 없는 철저히 혼자인 나를 만난다.

넘실거리는 외로움 속을 떠다니는 나는 많은 책더미에 숨어들기도 하고, 끊임없이 새로운 것에 도전하며 나를 숨기기도 하지만 외로움은 언제나 나의 발목을 잡고 늘어지는 것이었다.

외로움과 마주할 때마다 내 속에 감춰진 나를 끌어내는 것만이 치유하는 최상의 방법일 거라는 생각을 하고도 강산이 두어 번 변하도록 용기를 마련하지 못해 망설여 오던 것을 한순간 뒤집어져 끌어내기 시작하니 쭈그러진 나의 참 모습이 드러나기 시작했다.

대단할 것도, 아무것도, 그 누구와도 다를 바 없는 오십대를 바라보는 평범한 한 여자가 삶을 부여잡고 몸부림을 치고 있는 것이다. 무엇이 나를 그토록 얽매었을까? 그것이 자존심이었든, 그 무엇이 되었든 이제 상관치 않으리라. 훌훌 벗어 나를 드러내고 좀 더 인간적인 모습 그대로를 살아가고 싶은 것이다.

울고 싶을 땐 눈물을 쏟아 붇고, 기쁨만 나눌 것이 아니라 나의 외로움도 슬픔도 함께 좀 나누자며 마음을 열어 보여 주리라!

여자

사람이 아닌 듯 살려 하였습니다.
모든 것에 완벽하려 하였습니다.
바위처럼 단단하려 하였습니다.
여자임을 잊고 살려 하였습니다.


별 수 없는 사람임을 알았습니다.
다를 바가 없는 것도 알았습니다.
이상도 이하도 아님을 알았습니다.
사랑 주린 여자임을 알았습니다.

# 집수리

꼬방동네 보수 공사의 망치 소리는 끊임없이 계속 된다. 어제까지 삐딱하게 서 있던 것이 오늘은 모두 넘어져 버리기도 하고 전혀 다른 모양새를 갖추고 번듯이 서 있기도 하며, 보이지도 않던 이층이 원두막처럼 덜렁 올라 앉아 있기도 한다.

"없는 살림에 왜 이렇게 자주 보수를 하느냐?"

내게 말하며 사사가 너털웃음을 웃는다. 주워 온 나무판자가 애당초 썩은 것들인데 수명이 있으면 얼마나 있겠으며 엉성한 판잣집이 어느 비바람에 퍼드러져 넘어질지 모르니, 길바닥에 버려진 나무가 눈에 띄기만 하면 끌고 와 집을 뜯고 조금 더 나은 것으로 바꾸다보니 허구한 날 보수 공사를 한다는 것이다.

하긴 부잣집 집수리야 단단히 한번 하면 수년, 수십 년을 버틸 수 있겠지만, 이 사람들이야 허구한 날 거지 이 잡아 죽이듯 틈만 나면 뚫어진 천정 틀어막고, 비바람 두어 번 지나면 지붕 덮었던 비닐이 날아가 버리고, 바람벽 터진 구멍으로 똥물이 드나드니, 쥐구멍이야 말할 것도 없이 잘 개통된 터널처럼 확실히 열려 있는 것이고, 이 구멍 저 구멍 땜질해 봐야 어느 날 썩어 나가떨어지는 데 다른 방도가 없는 것이다.

땀을 뻘뻘 흘리며 야무지게 못질을 하는 아저씨! 나무판자를 들어 올려 주는 아주머니! 한 가족의 보금자리를 만드는 행복한 얼굴이다. 부자가 누려 보지 못했을 저들만의 행복일 것이다. 이제 겨울로 접어들 때가 됐고, 비닐을 주워 바람구멍을 막아야 하는 것도 저들의 손길을 아주 바쁘게 한다.

의류업에 종사하는 한국분들에겐 장사 안 될까 섭섭해 하실지 모르지만, 지난여름 홍수로 온갖 고생을 다한 이 사람들을 생각하면 이번 겨울은 제발 따뜻했으면 좋겠다.

언제나 습기가 가득 찬 눅눅한 이곳의 겨울은 얼마나 썰렁한 것일까? 날씨가 더 차가워지기 전에 옷가지도 모으고, 이불도 모을 수 있으면 좋으련만 쉽지는 않을 것이다.

이 사람들의 집이 바람막이 걱정을 하지 않아도 될 벽돌집이라면 얼마나 좋을까? 이들에게 비뚤비뚤 지어진 것이라도 벽돌집이라면 얼마나 훌륭한 대궐로 보일 것인지는 말할 필요가 없는 것이다. 어느 좋은 날 비가 내려도 양동이로 빗물을 받지 않아도 되는 벽돌집에서 사는 날이 오리라는 희망을 버리지 말자며 용기를 심어 준다.

# 천사들

　어느 주일 자원봉사하시는 분을 통해 구호 양식만 판자촌에 보내놓고, 내 몸은 갈 수 없는 일이 발생했다. 나를 기다리고 있을 올망졸망한 눈동자들을 생각하며 다음 주에 만나면 정말 미안했노라 사과를 하리라 생각하고, 양식만 나누어 달라고 부탁했다. 가슴이 메어지는 아픔이 있었노라며 눈물을 글썽이시는 자원봉사자의 이야기는 그 저녁이 되기 전에 내 귀에 들어왔다.

　그날 오십여 명의 어린이들이 예쁘게 줄지어 앉아 기다리고 있었다고 한다. 칭얼거리는 어린 동생을 머리를 쓰다듬어 달래는 아이! 오늘은 TIA(아줌마 애칭)가 무슨 질문을 하고 어떻게 대답을 해서 칭찬을 받을까 열심히 생각하는 아이! 눈물 자국 콧물 자국 이리저리 얼룩져 있을 얼굴! 붕붕거리며 지나가는 자동차 소리 사이로 들은 성경 이야기를 되뇌며 '오늘 이야기는 무엇일까' 기다리는 아이! 머리 이를 죽이는 약을 기다리는 아이! 이런 저런 이유로 기다리는 지루한 시간도 잘 참아내고 있는 그들이 정말 기다리고 좋아하는 것은 달콤한 비스킷 봉지였을 것이다.

　먹을 것이 지천이고 입맛에 맞는 것을 찾아 골라 먹는 세상과는 거리가 먼 아이들, 한 봉지의 과자를 기다리며 나의 얼굴을 떠올렸을 아이들, 얼마나 실망을 하였을까? 정말 미안하여 몸 둘 바를 몰라 했다. 아무리 사정이 어렵다 해도 어린 마음들의 실망을 생각한다면 다시는 이런 일이 생기지 않도록 해야겠다.

　다음 주에 다시 만나면 하나씩 품에 안고 키스를 해 주리라! 가엾은 나의 천사들! 험한 세상에 엉클어져서 아무 저항도 하지 못하고 가난 속을 흘러가는 어린 생명들! 그들의 반짝이는 눈동자만큼이나 밝고 아름다운 삶과, 크신 주의 은총이 함께 하기를 간구하리라! 사랑하는 나의 천사들아!

# 만삭

“무슨 놈의 뜨개질은 죽기 살기로 하는지… 쯧!”

알 수 없다는 듯 혀를 차고 머리를 흔들며 하는 이야기인즉 자원 봉사하시는 한국분과 친정 올케가 사는 동네 길목에 노숙하는 부부가 있는데, 만삭이 되어 길에서 아이가 곧 태어날 것 같은데도 밤낮으로 뜨개질만 죽어라 하고 앉아 있다는 것이다. 도대체 어쩌자는 것인지 모르겠다며 본인은 정작 안 하고 있을지도 모르는 걱정을 태산만큼 해온 지가 벌써 두서너 주일이나 되었다.

무슨 사랑이 절절이 넘쳤는지 널찍한 노상에서 아이를 만들고, 굶어 죽어도 함께 죽자는 건지 날이면 날마다 진드기처럼 붙어 앉아 있는 것이다. 아무리 낙천적인 사람들이 사는 나라이긴 하지만 만삭된 배를 둘러 안고 천하태평 뜨개질만 해대고 있는 모습은 보는 사람이 안쓰럽다 못해 짜증이 나고, 이제는 해결책을 찾아 나서야 할 때가 된 것이다.

산기가 보일 때, 경찰차를 부르면 일단 시립병원에서 아이는 낳을 수 있겠지만 그 다음이 문제다. 어디서 산모를 보살피며 아기는 어디다 누일 것이냐는 것이다.

사사한테 도움을 청해야겠다는 생각이 문득 떠올랐다. 그렇다! 정신이 상자들을 불러 비 가릴 곳을 만들어 주었던 사사가 이번에도 틀림없이 엉성한 것이지만 누더기 방 하나는 내 줄 것이다. 다른 곳에다 부탁을 한들 누가 선뜻 받아 줄 것인가. 사사를 떠올리고 나니 마음이 한결 가벼웠다. 배를 내밀고, 다리를 떡 벌리고 서서, 턱을 만지작거리며, 한참 머리를 갸웃거리다 언제나처럼 "걱정 마라! 내가 방법을 모색하겠다." 며 숫자가 모자라는 누우런 이를 드러내고 함박웃음을 웃으며 시원하게 해결해 줄 것 같은 생각이 든다.

사사는 아이를 좋아한다. 이제는 주일마다 궂은 일을 마다 않고 땀을 뻘뻘 흘리며 자원봉사자로 나를 돕는 꼬방동네 대통령 사사! 얼마나 아이를 많이 낳고 잘 낳는 동네인지 주일마다 세상에 나온 지 얼마지 않은 주름도 펴지지 않은 작은 생명들의 새로운 얼굴들이 등장한다. 그럴 때마다 사사는 아이를 쓰다듬고 볼에 키스를 하고 세상에 이렇게 귀여운 것들이 또 있겠느냐며 좋아한다.

'새로운 생명이 탄생할 때마다 유모차 하나만 더 구할 수 있으면 얼마나 좋을까?'

이런 노래를 한다. 나는 내가 유모차 공장을 만들어도 태어나는 아이들 숫자를 따라잡지 못하겠다며 농담을 하며 웃어넘기지만 정말 대단하다. 매주 태어나는 아이들, 바가지를 뒤집어 안고 다니는 만삭의 아주머니들이 널렸으니 무슨 수로 감당을 하겠느냐는 것이다. 자원 봉사자 마르코스도 지난주까지 아들이 둘이던 것이, 이번 주에 하나가 또 태어나 셋이 되었다. 마르코스는 계획에 없던 사고로 생기긴 했지만 정말 기분이 좋다며 신바람이 나서 돌아다녔다.

"살기도 어려운데 왜? 이렇게 아이들은 연년생으로 줄줄이 많이 낳을까?”

푸념하는 내게 농담 잘하시는 신세대 사모님께서 하신 말씀이 걸작이다.

“깜깜한 밤중에 할 일은 없고 유일한 오락이 그것뿐이잖아요!”

# 죽을 죄

"허허허! 정말 죽어 마땅한 죄를 지었소! 한 번만 용서해 주시오! 내가 얼마나 당신을 존경하는지 당신은 모를 것이오! 아, 제발 용서하시오! 아리가또... 사요나라."

오늘은 정신이 돌아왔는지 자전거를 끌고 좁은 골목을 지나던 루벵스 씨가 허리를 굽혀 가며 늘어놓은 말이다. 마약에 취해 해롱거리며 실수를 했다고 누군가가 전해 줬는지, 굽신굽신 허리를 접어가며 용서를 비는 그의 말 중에 어디서 배운 건지 두어 마디 일본어까지 섞여 있어 나를 웃게 만들었다.

"정말 죽어 마땅한 죄라고 생각했습니까?"

"그렇소! 정말 죽을 죄를 지었소!"

"당신이 내게 죽을 죄를 진 것이 없습니다! 당신은 당신의 있는 그대로를 내게 보여 준 것 뿐이며, 이제 당신의 마음문 빗장을 풀고 활짝 열고 있는 것입니다. 이 세상에 죽어 마땅할 죄는 하나님을 믿지 않는 것 말고는 없소!"

지금이라도 하나님을 영접하고 용서를 빌면 모든 죄를 사함 받고 하나님의 아들이 되는 권세를 얻을 것이라며, 이제 이후로 당신은 아무것도 내게 숨길 것이 없으며, 모든 것을 내게 보여 주었으니 부끄러울 것도 없다며 등을 두드려 주었다. 마약에 취해 어디서 무슨 일인들 하지 않았을 것이며, 얼마나 고약한 모습을 많은 사람들에게 보였을 것인가?

그런 그가 죽어 마땅할 죄를 들먹여 가며 저토록 미안해 하고 있는 것은 내게 대한 특별한 배려와 관심과 사랑일 것이다.

나는 저 사람에게 특별히 베푼 것이 없다. 그저 이름 불러 반가워 해 주고 손을 잡아 주고 작은 것을 나눈 것뿐이었다. 그 작은 관심이 저 사람의 마음을 움직였나 보다.

세상 구석구석에서 버려져 외로운 사람들에게 아주 작은 것이라도 나누고자 하는 사람이 날마다 조금씩 더 많아진다면, 수많은 사람들의 싸늘한 가슴을 열고 사랑을 불씨를 심어 줄 수 있을 것이다. 그것이 곧 우리 그리스도인들의 몫이 아닐까?

우리가 이웃과 마땅히 나누어야 할 것 들을 움켜쥐고 있는 것이 용서를 빌고 또 빌어야 할 우리들의 죄목이 아닐까? 죽을 죄인을 살려 주신 하나님 앞에 이제 어떻게 용서를 빌어야 할까?

"주님 불쌍히 여겨 주시옵소서!"

**Ninth Story**

THE TEARS OF THE PRESIDENT

# 예수님의 흔적

# 움막 속 노부부

　자식 잃고 살아갈 의욕마저 잃어 드러누운 움막 속의 노인 부부를 어느 따뜻한 주일 찾아보았다.

　움막 속을 들어가 보니 몇 주 전 갖다 드린 구호 양식이 봉지도 뜯지 않은 채 그대로 널려 있고, 누가 가져다 준 것인지 과일도 썩고 있었다. 쓰러져 가는 움막, 썩어 문드러지는 감자 나부랭이, 옷가지, 걸레, 쓰레기, 썩는 냄새, 아무 것도 변한 것이 없다.

　변화가 있다면 시체 같은 할머니가 양지녘에 나와, 술을 한 모금씩 넘기고 있는 모습뿐이었다. 용기를 내어 거동을 하셨나 보다. 죽은 듯한 손을 잡아 보니 온기마저 식어 싸늘하고, 나무껍질을 만지는 듯 뻣뻣하기만 하다.

　무엇인지 말을 하려는 듯 입을 오물거리며 잦아들 듯한 소리로 무엇인가 말을 하고 있어 귀를 기울이니, 남편이 너무 밉다고 하소연을 하신다.

　할머니보다 거동이 조금 수월한 남편에게 무엇인가 먹고 싶은 것이 있어 만들어 달라고 했는데, 만들어 주지 않아 속이 상하신다며, 넘어질 듯 건들거리는 남편에게 힘 빠진 눈을 흘기며 섭섭해 하셨다.

　왜 만들어 주시지 않느냐며 할아버지를 채근하자, "감자를 으깨어 달라는데 마가린이 있소? 감자 으깰 힘이 있소?" 만들 방법이 없다는 것이다.

　하기야 감자를 삶을 가스레인지도 없고, 양재기 하나 변변한 것이 없으니, 나한테 부탁을 했더라도 만들어 드릴 방법이 없었을 것이다.

응원군이 생긴 할머니는 할아버지가 섭섭하게 하신 것 이것저것을 회상하며 눈물을 글썽이고 숨 가쁜 소리로 호소하시더니, 투정하는 아이처럼 이번엔 움막 벽에 걸린 비닐봉지 속의 아들 사진을 가져다 달라신다. 죽고 없는 아들을 보여 주려나 기다리니, 미소년 사진 한 장을 보여 주며 아들이라며 어디서 좀 찾아 달라고 하신다. 언제 집을 떠난 아들인지 알 수는 없으나, 죽기 전에 한 번 만이라도 만나고 싶은 노인의 간절한 소망이시다. 아들 하나를 가슴에 묻고, 이제 세상 어딘가에 살아 있는 다른 아들을 찾고 싶으시다며, 눈물을 그렁그렁 눈에 담고 말씀하신다. 할 말을 잃고 내려다 본 할머니의 발등은 때가 눌어붙어 말린 생선 비늘 같고, 발톱은 독수리의 발톱처럼 길게 자라 굽어져 있다.

"할머니 다음 주에 손톱깎이 갖고 와서 손톱 발톱 깎아 드릴 게요. 오늘은 꼭 저 닭 내장 국물 좀 많이 드시고 힘 내셔서 할아버지 알아들으실 수 있으실 만큼 소리 질러 한번 부부 싸움 좀 해 보세요."

이웃 아주머니 한 사람이 삶의 의미를 잃고 지쳐 있는 노부부를 위해 새까맣게 그을려 다 쭈그러진 냄비를 돌 위에다 올려놓고, 열심히 불을 지펴, 시장에서 주워온 닭내장을 삶고 있는 것을 보며 내가 할머니께 드릴 수 있었던 말은 그것이 전부였다.

먹을 것이 없는 것은 그 아주머니도 다를 바가 없을 텐데, 노인 부부를 위해 주워 온 닭내장을 끓여 드리고자 하는 아주머니의 정성이 너무 커 보인다. 나는 무엇을 하고 있는 것일까? 나의 모자라는 것까지도 나눌 수 있는 마음이 내 안에도 있을까?

# 도미노

기다리고 있어야 할 사사가 보이지 않아 이상해서 골목길을 걸어 들어가니 좁은 골목에 탁자를 펴 놓고 둥글게 둘러앉아 있는 사람들이 보였다.

도미노 게임. 이해할 수 없는 놀이지만, 아마도 한국의 마작같은 것이 아닌가 생각해 본다. 사사도 한 자리를 차지하고 몰두하고 있다가 나를 보자 미안한지 어정쩡한 표정으로 얼른 일어나려 했다.

"누가 이기고 있나? 오늘 새차 살 사람이 누구냐?"

이렇게 농담을 하며 다가서는 나를 맞이하는 그들은 모두 마약을 사고파는 사람들이다. 이해하지 못하는 게임을 들여다보며 함께 웃어 주는 나는 그들의 마음과 한 판 도박을 한다.

두려워 피하다 보면 그들은 언제나 나의 무서운 적으로 결코 정체를 드러내지 않고 보이지 않는 세력으로 행사할 것이고, 나는 그들의 틈에 뿌리를 내리지 못할 이방인이 되어 마땅히 해야 할 일을 하지 못할 것이다. 그들이 작은 도미노를 펼쳐 나가며 상대를 읽고 이기려 하듯, 나도 그들의 마음을 읽고 이질감을 없애고 마음을 여는 작업을 해야 한다.

딱딱 소리를 내며 한 판 돌아가는 모양을 보며, 보란 듯이 으쓱 어깨를 들어 보이는 이긴 자와, 안타까운 표정을 지어보이는 잃은 자 틈에서 웃어 주고 애석해 해 주며 훈수 두지 않는 구경꾼이 되어 주는 것이다.

총을 허리에 차고 앉아 있는 그들이지만, 함께 웃어 주고 응원해 주는 이 낯선 사람을 배척하지 않고 목마를까 맥주 한 잔 들어 권하며, 다리 아플까 염려해 주는 순수함과 친절을 아끼지 않는 사람들! 이 사람들의 마음속에 숨어 있는 어두움은 이들의 영혼에 족쇄를 채워 우리가 상상도 하지 못할 일을 행하게 하며 끌고 다닌다.

까를로스 아버지의 귀에다 총을 두 발이나 쏘아 죽였다던 바로 이 자리에서 열쇠고리 꿰 차듯 총을 차고 앉아, 아무 일도 없었던 것처럼 도미노를 즐기고 있다. 언제 누구를 또 무슨 이유로 보낼 것인지 알 수 없다. 바라보고만 있을 수도 없다.

"도미노게임의 한 판 승부로 기뻐 주먹을 들어 흔드는 사람들이여! 한 판 승부가 아닌 영원한 승리를 위해 나는 형제들의 마음과 지속적인 게임을 할 것이며, 인격적인 만남! 작은 미소! 사랑과 관심이 내가 벌여 가는 게임의 방법이요, 승리의 개가를 부르는 날까지 나의 깃발 되신 주님이 앞장서실 것입니다."

# 꼰방동네 아이들

브라질 날씨답지 않게 한국 초겨울 추위를 느낄 만큼 쌀쌀한 이른 아침. 출근길에서 나의 사무실 입구에서 쓰레기더미를 뒤지는 어린 두 형제를 만났다. 전혀 생각지 않은 곳에서 나를 만난 아이들은 반가워 활짝 미소를 지었지만 부끄러운 듯 가까이 오지는 않았다. 이 시간에 왜 학교에 가지 않고 여기서 무엇을 하고 있느냐며 가까이 가자, 빈 깡통과 돈이 될 만한 것들을 줍고 있다고 했다. 멀리 북쪽에서 먹을 것을 찾아 대도시 상파울루로 들어온 그들의 부모는 일자리를 찾지 못했고 아이들을 학교에 보내지도 못했다. 하루하루의 빵을 찾아 아이들은 스스로 부모를 도와 길로 나선 것이다. 춥지 않다며 웃어 보이는 아이들은 허름한 반바지 밑으로 삐쩍 마른 검은 다리를 드러내놓고 떨고 있었다.

'춥지 않느냐?'

이렇게 물어본 내가 스스로 미워지기까지 했다. 내가 다니는 판자촌은 한국인들의 의류 상가와 의류 생산 공장이 모여 있는 곳에서 아주 가까운 곳이며 나의 사무실과도 아주 가까운 거리에 있다. 그러다 보니 파지를 줍고, 어머니를 도와 리어카를 밀고, 나무를 주우러 다니는 판자촌 아이들을 늘 길에서 마주하게 되는 것이다.

부모의 보호와 사랑을 받으며 응석을 부려야 할 어린 것들이 주린 배를 움켜쥐고 험한 세상에 떠다니며, 우리네들이 아무 미련도 없이 내다

버린 쓰레기 더미 속에서 삶을 찾고 있는 것이다. 이런 순간에 나를 만나는 것이 그들에게 부담이 되는 것인지, 수줍어 제대로 얼굴을 들지 못하는 아이들. 때로는 얼른 길을 건너 돌아가는 아이들도 있다. 그런 아이들을 볼 때마다 거듭 당당하라고, 결코 부끄러운 일이 아니며 땀 흘려 하는 노동의 신성함은 주께서 기뻐하시는 일이라며 등을 두드려 훌륭하다며 위로를 하지만, 아이들이 이해하지는 못할 것이다.

진정 그 아이들이 자랑스럽고 업어 주고 싶을 만큼 예쁘다. 눈만 돌리면 지면과 텔레비전을 장식하는 어린 소매치기와, 구걸로 하루를 보내고 그 저녁을 마약으로 장식을 하는 아이들을 접할 수 있는 이곳에서, 단 몇 개의 빵 값을 건져 낼 수 있을지도 모르는 쓰레기 더미를 뒤집으며 그 날의 빵을 구하는 아이들이기 때문이다. 가엾은 아이들!

"오늘은 세상이 너희를 힘들게 하지만 무지갯빛 소망이 있음을 잊지 말아라! 너희들 가운데서 세상을 변화시키고 없어서는 안 될 귀한 일꾼들이 나오기를, 주의 복음을 전하는 아름다운 일꾼들이 나오기를 소망하며 꿈나무를 심어 가꾸어 가자꾸나. 귀여운 천사들아!"

# 좋은 날은 언제

　어둠이 내려앉기 시작하는 상가의 저녁. 거리는 스산하기까지 할 정도로 모두 빠져 나간다. 모두가 빠져 나간 거리에는 온통 헝겊 쪼가리를 펴 드리며 넝마를 줍는 꼬방동네 낯익은 얼굴들이 등장을 한다.

　낮의 화려하던 무대가 어두움과 함께 장면을 완전히 뒤집고 있는 것이다. 그들을 지켜 봐 줄 관객도 모두 떠나고 어둠 깔린 무대는 넝마가 뒹굴어 가득 메우기 시작하는 것이다. 쓰레기 봉지에 잘 넣어 버린 조각들을 푹푹 터뜨려 헤집고 다니며, 거리를 더럽히는 이들을 좋아할 사람은 없다. 엄마가 끌고 가는 리어카를 밀어가며, 아이들은 한 가지라도 값나가는 것을 더 찾으려고 맨발로 뛰어 다니는 거리에 서 있노라면 내 가슴도 어둠처럼 스르르 내려앉으려 한다.

　삐거덕거리는 리어카는 그들의 삶만큼이나 엉성하고, 시장마저 불경기가 되는 때는 주울 넝마도 나오지 않는 이 거리에서 빵을 찾아 삐걱거리며 헤매는 저 사람들! 언제나 저들의 생활이 좀 더 나아질 수 있는 좋은 날이 오려나!

　날마다 실업자가 늘어나고, 경제사정은 날이 갈수록 어려워지는 이 땅에 광명의 날이 밝아 밑바닥의 삶 속에도 풍요로움이 넘치는 그 날이 과연 올 것인가 말이다!

　도적같이 주의 날이 임하여 영화로운 옷을 입고 훨훨 날아갔으면 좋겠

다. 하지만 또 그때는 언제인가? 그때가 이르기 전에 우리가 해야 할 일
이 막중하지 않은가?

사랑하는 나의 형제들아! 우리는 이 땅의 순례자가 아니더냐. 조금만
참고 인내하면 이 모든 고통이 한 순간 지나고 좋은 그날이 오리니, 오
늘은 비록 넝마를 뒤집고 있을지언정 그날의 소망은 버리지 말고 소중히
간직하고 내일을 바라보며 리어카는 삐거덕 거려도 힘 있게 밀고 가자!

# 첫번 것은 공짜

날씨가 한 여름처럼 뜨겁던 어느 날, 겨울 양복에 빨간 남방을 입고 땀을 뻘뻘 흘리며 말씀을 듣고 있는 시청의 환경 미화원 조세 씨 옆에 마약 판매책 부두목쯤 되는 사람이 드디어 함께 참여를 했다. 날카로운 눈빛과 건장한 체격, 영화배우처럼 멋있게 생긴 미남이다. 처음으로 예배당에 들어와 머쓱했던지, 구석진 자리를 차지하고 버티고 서 있는 그의 모습은 예배에 참석한 자가 아니라 감독관에 가까웠다. 그의 앞에 모인 자들이 정중히 대접을 하는 것을 보면 그의 세력 정도는 충분히 짐작하고도 남음이 있다. 무슨 이유로 저 사람이 이곳에 와 서 있는지 알 수 없지만 그들의 판매법처럼 '첫 번째 것은 공짜' 다.

마약 판매 방법에서 첫 번째 맛을 보는 것은 공짜, 두 번째 것은 외상, 세 번째는 현찰, 네 번째는 시계, 가재도구, 도둑질… 순서라고 농담처럼 오가는 말이다.

오늘 나도 대가없이 주의 말씀을 그에게 전하고 그와 시시비비를 가리지 않을 것이며 단판 승부를 걸지도 않는다. 그가 이곳에 와 준 것만으로도 감격하여 맞이하고 감사하는 것이며, 맛을 본 그가 두 번째 외상을 거쳐, 세 번째, 네 번째의 방문을 거듭하고 그의 모든 것을 주께 의탁하고 광명의 새날이 밝아 복음의 산 증인이 되는 날이 올 것이라는 확신 아래 그를 대하고 말씀을 전하는 것이다.

아들을 사랑하사 십자가에 못 박혀 죽기까지 하신 주님께서 저를 이 자리에 부르시고, 그로 하여금 말씀을 듣게 하셨으니, 주께서 친히 말씀하시고 저의 마음문을 열고 저의 귀를 열어 주심도 분명하리라!

잠잠히 귀를 기울이고 서 있는 아들의 눈빛은 무섭도록 날카롭다. 아주 비상한 머리를 가진 듯한 저 사람이 어떤 경로를 통해 여기까지 왔는지 알 수 없지만 세상을 향해 몸을 던져 반항해야 할 만큼 환경의 지배를 받았을 것이다. 이 넓은 세상 수많은 사람들 가운데 저를 이끌어 줄 한 사람이 없었나 보다. 세상에서 소외된 많은 사람들처럼 마음 하나 둘 곳도 없었으리라!

우리가 눈을 돌려 소외된 마음들의 아픔을 아주 조금만이라도 나눌 수 있다면, 조그만 마음의 쉼터가 될 수 있다면 저런 형제들이 줄어들지 않을까?

# 구더기

질긴 삶을 살던 할머니가 세상을 떠나셨다. 사사가 앞장을 서서 장례를 치르고, 남겨진 할아버지는 술에 찌들어 할머니를 묻고 왔는지 버리고 왔는지도 모르는 상태에서 먼 인척이 보다 못해 모시고 갔다. 할머니가 사시던 돼지우리보다 못한 구더기 천지 움막을 뜯어 불태워 버리고 나니 할머니의 흔적은 이제 다시 볼 수 없게 되었다.

죽은 아들을 그리며 우시던 할머니… 집 나간 아들을 찾아 달라며 우시던 할머니, 독주만 조금씩 목을 타고 넘기며 연명하시던 할머니, 이제는 고통이 없는 곳에서 편히 쉬시리라!

아직 살아 숨을 쉬는 할머니의 귀 뒷머리에서 그 옛날 시골 화장실에서나 볼 수 있던 구더기가 수도 없이 기어 나왔고, 할머니가 돌아가시자 무더기로 기어 나왔다고 한다. 이 세상 누가 이런 것을 상상하고 이해할 수 있을까? 돼지고기를 잘못 익혀 먹을 때 나온다고 하지만 도무지 이해할 수 없는 노릇이었다.

할머니는 언제나 털실 모자를 꼭 눌러 쓰고 깡마른 손으로 머리를 겨우 긁으시곤 하셨다. 할머니가 돌아가시는 날까지 하루살이처럼 겨우 숨만 붙어 있던 할머니의 살 속에서 구더기들이 진을 치고 파먹고 살고 있었던 것이다. 생각만 해도 닭살이 돋아 오르고 머리를 흔들 일이며 믿어지지 않는 일이 바로 우리가 살고 있는 이 땅, 내 이웃 속에서 일어난 현실이다.

누가 이들을 도울 것인가? 누가 이들을 위해 무엇을 할 수 있으며, 나는 이들을 위해 무엇을 할 수 있단 말인가? 할머니의 살 속에서 진을 치고 살고 있던 구더기와 바라보고 있어야만 했던 나의 차이는 무엇인가 말이다! 이런 내 속에 할머니를 위해 찔끔거릴 눈물은 숨어 있었던가? 하늘이 부끄러워 눈물도 숨기고 말았다. 하늘이 두려워 기도조차 목이 메었다.

내 주여!

내 주여! 나를 긍휼히 여기소서!

# 예수님의 흔적

베들레헴 작은 마을에 태어나신 하나님의 아들 예수님. 하늘 보좌를 떠나 낮은 곳으로 임하여 가난하고 소외된 자들과 죄인의 친구가 되셨던 분. 우리의 죄를 위해 십자가에서 돌아가신 구세주.

교회를 다니지 않는 사람들이라도 한번쯤은 충분히 들어 보았을 것이다. 믿는 자라면 모두 예수님을 닮기 원하며 예수님의 뒤를 따르는 삶을 살아가려고 노력하고 기도할 것이며, 신앙과 생활의 일치 속에서 예수의 향기와 빛을 발하기를 소원하며 빛과 소금의 역할을 감당하기 위하여도 노력할 것이다.

애초부터 나는 빛의 역할도 소금의 역할도 아무것도 감당할 수 없는 자임을 일찌감치 파악을 하였고, 예수의 향기는 더더구나 내게는 없는 것을 나는 잘 알고 있다. 이런 나를 가장 정확히 알고 계신 분은 하나님이시다.

대쪽같이 모가 나는 성격에다 불의를 보면 참지 못하고, 더러운 것은 결벽증 환자 소리를 들을 만큼 소름이 끼치도록 싫어한다. 좀 더 쉽게 설명하면 일반인들이 가지고 있는 보통 성격에다 괴팍한 것을 포함한 성격으로, 좋게 말하면 적극적이고, 극단적인 표현을 쓴다면 지독하고 질기다고 보면 될 것이다.

이 못된 나를 정확히 아시는 주님께서 나를 부르시고, 포근한 솜 같은 부드러움과 흰 눈이 내려앉는 것 같은 고요함으로 이천 년 전 예수님의 흔적을 오늘 내게 보여 주시는 것이다.

낮은 자리에 임하신 하나님의 아들께서 친히 가난하고 소외된 자들의 친구가 되시고 병든 자들을 치료하시던 주님의 아픈 심령을 짐작케 하시며, 죄인을 바라보시던 안타까운 심정을 알게 하시어 이 오만불순한 자에게 겸손을 가르치시고 계신 것이다.

거리의 형제들을 만나고 판자촌을 드나들며, 때마다 순간마다 고아와 과부를 돌아보시고, 죄인을 부르시어 친구를 삼으시며 가난한 자의 눈물 가운데 계시는 주님의 사랑으로 인하여 뜨거운 눈물이 흘러내린다.

많고 많은 사람들 중에 모난 돌같이 보잘것없는 나를 버리시지 않으시고 당신의 사랑과 겸손을 덧입혀 다시 빚으시는 것이다.

이제는 부디 진흙같이 고운 가루를 만드시어 새롭게 빚어 주시되, 곱게곱게 예수의 흔적을 가득 채워 빚어 주셨으면 좋겠다.

"세상이 외면한 자들이 모인 곳에서 이천 년 전 예수님의 흔적을 보고 느낄 수 있었습니다. 예수님께서 죽기까지 하시며 사랑하시는 자들을 만난 것입니다. 그들 가운데 예수님이 계셨습니다. 예수님이 계신 그곳에 나도 항상 있게 하옵시고, 나도 예수님의 흔적을 소유하게 하옵소서!"

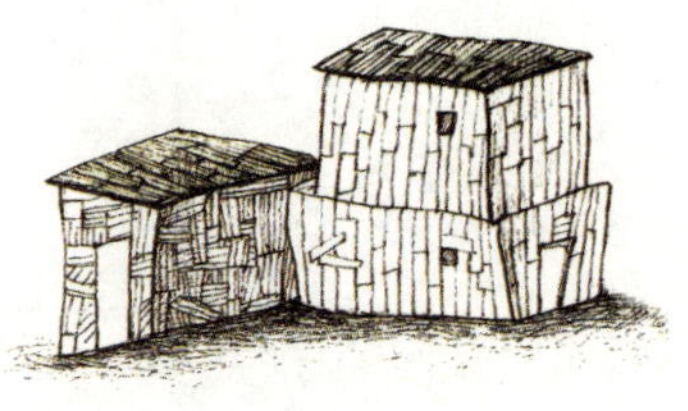